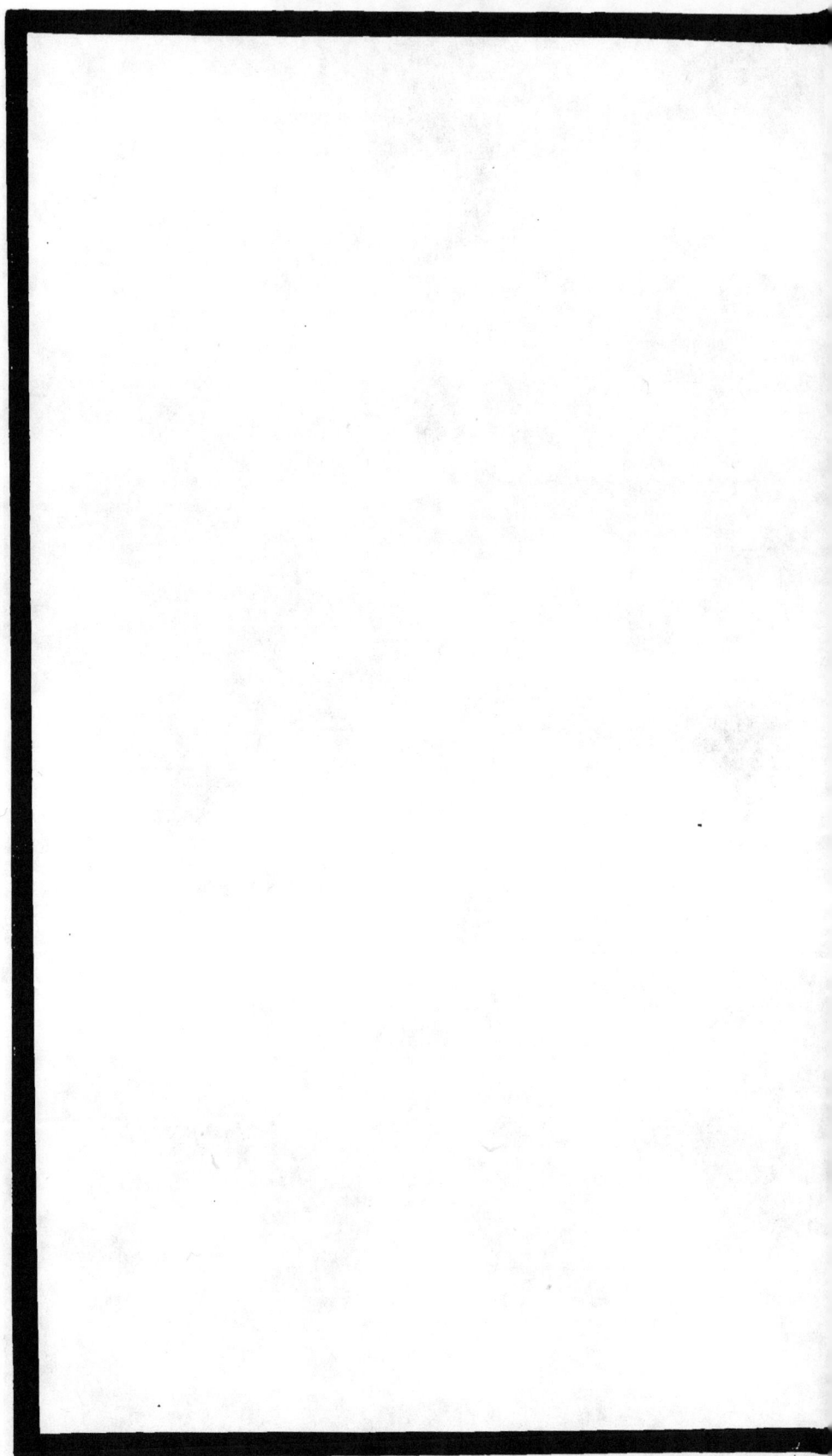

FERRET 1976

DES

DONATIONS

ENTRE ÉPOUX

PAR

CHARLES EMILE PRUNEAU

Avocat à la Cour Impériale de Besançon

THÈSE POUR LE DOCTORAT

SOUTENUE A DIJON LE 28 JANVIER 1864

BESANÇON

IMPRIMERIE D'OUTHENIN CHALANDRE FILS

1864

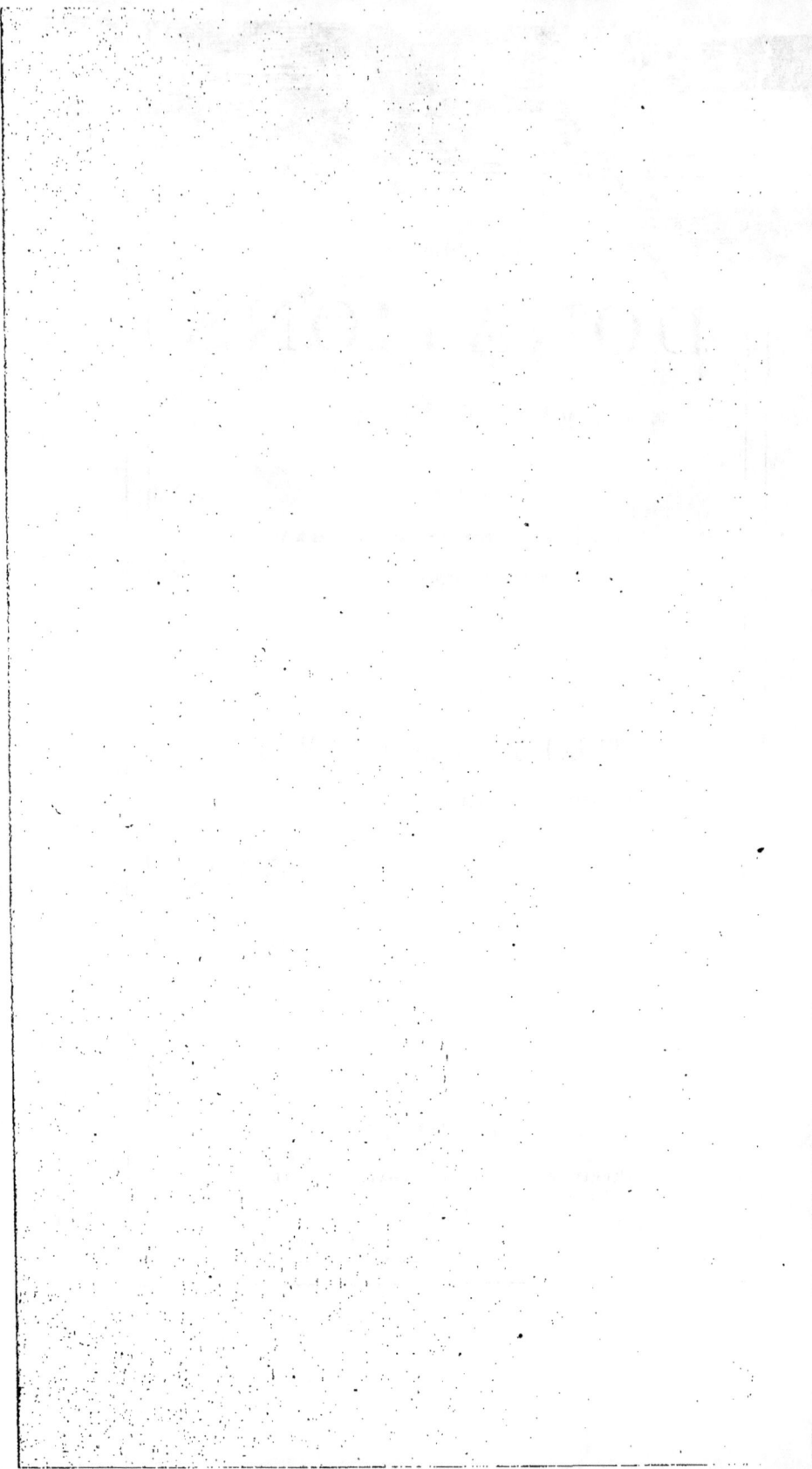

DES

DONATIONS

ENTRE ÉPOUX

PAR

CHARLES EMILE PRUNEAU

Avocat à la Cour Impériale de Besançon

THÈSE POUR LE DOCTORAT

SOUTENUE A DIJON LE 28 JANVIER 1864

BESANÇON

IMPRIMERIE D'OUTHENIN CHALANDRE FILS

1864

INTRODUCTION

La matière que nous allons essayer de traiter est peut-être plus vaste que nous ne l'eussions désiré : elle se rattache d'une manière intime à toutes les législations qui se sont succédé jusqu'à ce jour : nous en suivons les phases diverses, le développement progressif à travers toutes les époques qui ont laissé dans l'histoire du droit un certain retentissement. Chaque nationalité nous fournit son contingent de traditions et d'exemples, chaque période nous fait assister à un progrès. Depuis que le mariage n'est plus seulement l'union de deux corps (*conjunctio maris et feminæ*), mais l'association légale de deux existences, depuis que cette institution est placée à la tête des sociétés, pour en être la base et le fondement, la matière des donations entre époux offre à l'historien et au jurisconsulte des enseignements multiples qu'on ne saurait méconnaître.

Nous passerons légèrement sur certains points, principalement dans la période coutumière, sacrifiant à l'ensemble du sujet des détails qu'un commentateur plus curieux pourrait y rencontrer.

Nous traiterons des donations entre époux :

1° Dans la période romaine qui s'étend jusqu'à l'an 206 de Jésus-Christ ;

2° Dans la législation qui s'ouvre avec le sénatus-consulte de Caracalla et finit aux époques barbares ;

3° Dans les pays barbares, dans les pays de coutume et de droit écrit et dans le droit intermédiaire.

Notre quatrième et dernière partie comprendra l'explication théorique de la matière, telle qu'elle est circonscrite dans les articles 1091 et suivants du Code Napoléon.

DONATIONS ENTRE ÉPOUX

CHAPITRE PREMIER.

DROIT ROMAIN

Époque antérieure à l'an 206 de J.-C.

Le titre des *donations entre époux* semble, au premier abord, ne concerner que les avantages entre personnes unies déjà par le lien du mariage, *inter virum et uxorem.* Il n'en est pas ainsi : nous parlerons également des donations que les futurs époux ont coutume de se faire avant le mariage et à son occasion. Cette distinction, fondée sur la nature même des choses, est celle des jurisconsultes romains.

Donations avant mariage.

Dans cette période qui précède le mariage, la loi n'avait pas à se montrer sévère. Isolés, indépendants l'un de l'autre, éclairés par les conseils d'une famille qui veille sur leurs intérêts les plus chers, les futurs époux trouvent dans cette liberté même une garantie suffisante contre leurs entraînements. La femme n'a pas à redouter du mari cet ascendant invincible que lui donne un *justum matrimonium* : le mari d'autre part n'a pas à se prémunir contre ces séductions de tous les instants, qui sont, après la célébration, les armes les plus dangereuses de la femme. Le sceptre domestique n'appartient encore à personne ; il n'y a ni plus fort, ni plus faible.

Dans cet état de choses, les donations sont favorables : elles facilitent une union qui va naître, et dénotent de la part du donateur un attachement, présage d'une affection plus tendre.

Le mariage célébré, la situation change. Toute liberté disparaît : « La famille nouvelle, dont les époux sont le principe, s'élève plus haut dans leur pensée que la famille dont ils sont issus : et l'exagération de ce sentiment peut les entraîner dans des changements imprudents ou dans des sacrifices ruineux. Le mari a l'autorité, la femme la séduction : l'un règne par le commandement, l'autre par les caresses.

« C'est une alternative incessante de concessions, quand ce n'est pas une suite continuelle de faiblesses.

« La liberté des contrats n'existe pas dans cette chaîne du mariage, chaîne fortunée ou chaîne douloureuse, qui a ses jours sereins et ses jours d'amertume, mais qui n'a pas un seul moment de cette pleine indépendance qui ne compte qu'avec soi-même et n'obéit qu'à sa seule inspiration. » — (Trolong, contrat de mariage n° 17.)

Les textes romains nous parlent d'une libéralité fort connue et fort usitée sous le nom de *donatio antè nu-*

ptias. Pour en comprendre et l'origine et le mécanisme, nous devons dire quelques mots de la dot. La dot (*Dos, res uxoria*) était ce que la femme apportait au mari pour supporter les charges du mariage. Elle était restituée à la dissolution de l'union conjugale , elle donnait lieu à certaines rétentions. Une législation rigoureuse , mais prévoyante , en avait interdit l'aliénation, au moins quant aux immeubles. La dot donnait encore ouverture à certains droits , vulgairement appelés *gains de survie :* ces avantages consistaient à laisser prendre au survivant des époux une somme déterminée par une convention antérieure. Telle était, en la résumant, la théorie des Romains sur la dot.

Nous croyons dès lors que la *Donatio antè nuptias* n'était qu'une institution parallèle, analogue et dans son origine et dans ses effets. La femme apportait une dot : en retour elle recevait la donation *antè nuptias* qui servait de contrepoids. Les charges du mariage étant le résultat d'une existence commune, il eût été injuste qu'un seul fît face à ces charges. Introduite par similitude de la dot, la donation anté-nuptiale est régie comme elle. Elle donne lieu à une action en reprise dont jouit le mari à la dissolution du mariage ; les mêmes rétentions sont observées. Toutefois, nous ne devons pas , quant à l'inaliénabilité des immeubles, assimiler ces deux institutions. Nous ne trouvons aucun texte qui nous permette de faire participer la donation anté-nuptiale à cette puissante garantie de l'inaliénabilité, inventée spécialement pour le fonds dotal. Cette prohibition d'aliéner eût diminué le prestige qui s'attache à l'autorité maritale, et il eût été dangereux de soustraire à la circulation les biens faisant partie de cette donation.

Quant aux gains de survie, le mari les prenait sur la dot : par une juste réciprocité, l'épouse les retenait sur la donation anté-nuptiale. Une constitution des empereurs Léon et Anthémius, datée de l'an 468, exigea dans ces avantages une égalité proportionnelle, telle que le quart, le tiers, la moitié. (Code lib. 5. titre xiv. l. 9.) *Ex morte cujuscumque personæ, sive mariti, sive mulieris, eamdem partem, non pecuniæ quantitatem, tàm virum ex dote quàm mulierem ex antè nuptias donatione lucrari decernimus.*

Justinien, à qui le désir de rectifier a coûté tant de constitutions, substitua à cette égalité proportionnelle une égalité absolue : en résumé, c'est dans une valeur numériquement égale que consistera désormais *l'alea. Hoc igitur antè alia universa corrigimus, æqualia in dotibus esse et in propter nuptias donationibus.* (*Nov.* 97. cap. 1.)

Quant à la terminologie de ces avantages anténuptiaux, le § 3 des *Instituts* nous fait comprendre comment la donation dont nous parlons s'appela par la suite *donatio propter nuptias.* Justinien voulut que dans le cas où l'on augmenterait la dot et dans le cas même où on la constituerait pendant le mariage, il fût aussi possible d'augmenter et de constituer la donation anténuptiale. Dès lors, la dénomination d'anténuptiale n'offrit plus assez d'étendue. Justinien insiste sur cette substitution de mots, voulant, comme il le dit, rendre les termes conséquents avec les choses. Ajoutons que la donation anténuptiale dépendait du mariage comme d'une condition tacite : le § 3 nous apprend qu'entièrement inconnue des anciens jurisconsultes, elle fut introduite par les derniers princes (*à junioribus principibus*).

A côté d'elle se plaçaient les *sponsalitia.* Nous croyons qu'il ne faut pas confondre la donation *antè nuptias* avec les *sponsalitia,* sortes de libéralités entre fiancés. Ces derniers ont une origine plus ancienne, ils étaient plutôt dans les mœurs que dans la législation. Justinien, au § 3 des *Instituts,* attribue aux derniers princes l'institution de la donation *antè nuptias,* sans faire d'observation relativement aux *sponsalitia.* Ce silence nous porte à croire que les deux institutions sont distinctes, et que leur origine n'a ni la même cause, ni la même date. Cujas (*a*) confirme cette interprétation : le savant commentateur, dans son analyse du Titre *de Donationibus antè nuptias* au Code, fait observer que les premières lois ont trait au *sponsalitium* et les quatre dernières à la donation *propter nuptias.* A défaut de ces arguments, nous aurions pour nous la rubrique du titre III au Code, ainsi conçue : *De donationibus antè nuptias vel propter nuptias, et* SPONSA-LITIIS. Cette rubrique distingue nettement les trois espèces de libéralités.

Quels étaient donc les traits caractéristiques du *sponsalitium?* D'abord, cette libéralité n'était pas soumise, sauf convention expresse, à la condition tacite dont nous avons parlé plus haut (Loi 15, Code, l. 7, *ibid.*). Constantin modifia cet état de choses : il valide ou infirme le

(*a*) Cujas, lib. V, C. T. 3, t. IX.

sponsalitium, d'après certaines distinctions énumérées dans la loi 15.

Ire HYP. C'est par la faute du donateur que le mariage n'a pas été célébré. La donation est validée : cette solution garantit à la donation son irrévocabilité, en ce sens qu'il ne dépend pas du disposant de recouvrer les biens donnés, en s'opposant capricieusement au mariage.

IIe HYP. Le donataire est en faute. Le *sponsalitium* tombe, et la loi 15 confère au donateur trompé soit une *condictio*, soit une action réelle *utile*.

IIIe HYP. L'un des fiancés est mort. La loi 16 entre dans une série de distinctions, annulant le *sponsalitium* et le validant pour moitié, selon la circonstance de l'*osculum interveniens vel non interveniens*.

Donations faites après la célébration du mariage.

Moribus receptum est ne inter virum et uxorem donationes valerent! Telle est l'origine de la prohibition : c'est dans les mœurs qu'il faut la trouver. Aucune loi écrite n'avait édicté cette incapacité mutuelle de recevoir, cette entrave apportée au droit de propriété. Voilà donc un point certain quant à la prohibition : c'est que l'usage l'a introduite insensiblement, et que le temps lui a donné sa consécration. Un point plus obscur, c'est de déterminer l'époque à laquelle la prohibition a pris naissance. Un certain paragraphe inséré aux *Fragmenta Vaticana*, est venu jeter quelque lumière sur cette question si débattue

avant la découverte de 1823, et a donné tort aux inter-
prétations de Cujas. Selon Cujas, la prohibition remonte-
rait aux époques les plus reculées, et tout au moins à la
loi des Douze Tables (*a*). Si nous en croyons au contraire
le § 302 des *Fragmenta Vaticana*, il serait prouvé que la
prohibition n'aurait pris naissance qu'après la loi Cincia,
qui fut portée en l'an 550 de Rome. Le § 302, s'occupant
des restrictions apportées par la loi Cincia aux donations
exagérées, cite un certain nombre de personnes privilé-
giées, qui échappent à ces restrictions et pour lesquelles
la donation n'a jamais de taux trop élevé. De ce nombre
sont l'époux et l'épouse. Il est logique de conclure qu'au
moins en l'an 550 de Rome, l'incapacité mutuelle de recevoir à titre de donation n'existait pas encore.

Paragr. 298. *Sive quis cognatus, etc..... iis omnibus*
INTER SE *donare capere liceto !*

Paragr. 302. *Item excipiuntur socer socrus*, VIR ET
UXOR !

A cette opinion, que nous émettons avec quelque
défiance, on peut opposer le texte d'Ulpien : *Moribus
apud nos receptum est*. On est en droit de nous dire : si
les mœurs, si l'usage ont introduit la prohibition, vous
ne pouvez en fixer ni l'époque, ni la date ! Où sera la ligne
séparative entre ce qui était licite et ce qui ne l'est plus?
L'usage, ce *consensus omnium*, implique un achemine-
ment lent, insensible, et s'oppose à toute assignation de
date !

Quelle que soit la valeur de cette objection, nous

(*a*) Cujas, Dig. lib. XXIV, Paratitla, t. I.

persistons dans notre première interprétation, et pensons que l'usage n'a introduit la prohibition que postérieurement à la loi Cincia. Certes, il s'est écoulé assez de temps entre l'an 550 de Rome et l'époque où écrivait Ulpien, pour consacrer un usage constant (a).

Les jurisconsultes romains nous donnent plusieurs motifs de cette incapacité réciproque de recevoir. On ne veut pas que les époux se dépouillent inconsidérément par l'excès de leur affection : on craint une facile prodigalité (loi 1re hoc titulo. Dig.). Il faut que l'éducation des enfants soit le premier soin des époux (loi 2). Cette réflexion de Paul nous frappe par son élévation. Il ne faut pas que le meilleur des époux s'appauvrisse au profit du plus mauvais (loi 3 princip.)

Voilà les quelques considérations morales qui ont dicté la prohibition. Si nous voulons remonter à des causes d'un ordre plus élevé, nous trouvons dans des considérations toutes politiques l'origine de cette restriction apportée au plus absolu de tous les droits, au droit de propriété.

M. Pellat, dans son traité de la Dot, a mis au grand jour les véritables causes qui ont amené la prohibition.

_____

(a) On a donné une autre interprétation aux § 298 et suivants des Fragmenta Vaticana. Pour comprendre ce texte, on suppose qu'il existait une quotité que ne pouvaient excéder les donations ordinaires ; et que les donations entre époux, *dans les cas exceptionnels où on les permettait*, n'étaient pas assujetties à cette limite.

Cette interprétation permet de penser que les avantages entre époux ont été prohibés de temps immémorial : elle explique au besoin le : *Moribus apud nos receptum est.*

La dépravation des mœurs avait multiplié les divorces,
et il arrivait fréquemment qu'un époux menaçait d'une
brusque séparation le conjoint qui refusait la donation.
Le lien du mariage finit par se relâcher et l'union conjugale devint aussi vénale qu'elle était fragile (*quia sœpè
futurum esset ut discuterentur matrimonia, si non do-
narèt is qui posset : atque eâ ratione eventurum ut vena-
licia essent matrimonia.* loi 2).

A quelles personnes s'adresse la prohibition ? Quelles dispositions atteint-elle?

Il est facile de découvrir dans les premières institutions
de Rome ce cachet de despotisme et d'autocratie qui sou-
met la famille à un chef, l'esclave au maître, l'épouse
au mari. L'empire de l'homme sur la femme apparaît
tout entier dans ces traditions presque barbares de la
manus. La femme n'est pas encore une compagne, son
état est celui d'une fille (*loco filiœ*). Elle sort d'une puissance pour passer sous une autre : alors, sa personnalité
est absorbée dans celle du mari, elle n'a ni biens propres,
ni pouvoirs distincts, ni personne juridique. Il ne peut
être question de donations entre deux êtres dont l'un est
tout, l'autre rien. Mais peu à peu, la civilisation vient
corriger ce qu'avait de trop rigoureux le vieux droit des
Quirites : le christianisme achève de réhabiliter la femme.
Elle devient épouse, sa personnalité apparaît, un patrimoine distinct lui est réservé, elle partage le rang et les
dignités du mari. Le mariage ne lui a fait perdre ni ses

titres ni ses droits dans son ancienne famille, elle reste, selon les cas, ou *sui juris* ou soumise à la puissance d'un *paterfamiliâs*. Les liens qui l'unissent à ses enfants sont ceux de la cognation et jamais de l'agnation. Pendant le mariage, son patrimoine est distinct de celui du mari, elle contracte valablement avec lui ; les libéralités deviennent possibles, dangereuses même, et partant, la loi les prohibe.

A côté du mariage légitime, nous trouvons un état de choses que l'usage consacra et que les lois ne tardèrent pas à réglementer. Nous voulons parler du concubinat, commerce licite de l'homme et de la femme, qui assignait aux enfants issus de ce commerce une filiation certaine. Les personnes unies par ce lien n'ont jamais été comprises dans la prohibition. Ainsi que le prouve la rubrique, elle ne concerne que les personnes comprises sous la dénomination plus noble de *vir* et d'*uxor*. Cette latitude entre concubins présentait des inconvénients et des dangers : la famille légitime se vit ravir des biens qui n'eussent pas dû en sortir. Il était d'ailleurs constant que la liberté, qui doit présider à toute libéralité, était loin d'exister entre concubins. Un premier tempérament fut apporté par Antonin le Pieux, qui interdit aux militaires de donner à leurs *focariœ* (code loi 2). Antonin avait donné l'exemple ; il fut suivi par ses successeurs. Arcadius et Honorius limitèrent à une part minime ce que put donner un citoyen soit à sa concubine, soit à ses enfants naturels (loi 2, code de natur. liberis).

Supposons qu'un mariage ait été contracté en dehors des conditions essentielles à sa validité (*pubertas, consen-*

sus, connubium). C'est, par exemple, la fille d'un sénateur
qui a épousé un affranchi. Il n'y a pas justes noces, mais
y a-t-il concubinat, et partant les donations seront-elles
permises? La question est résolue par Ulpien : la donation
sera prohibée, dit le jurisconsulte. *Fas non est eas ratas
esse donationes, ne melior sit conditio eorum qui delique-
runt.* loi 3 § 1er. (a).

A l'exemple de la *manus*, la *patria potestas* des Romains
absorbait dans une personne unique plusieurs individua-
lités. Sans entrer dans le détail de la famille romaine,
dont le mécanisme est connu de tout le monde, il est facile de comprendre combien cette confusion de personnes,
cette absorption de tous dans un seul, eût facilité les
fraudes que l'on redoutait ici. La donation dut être prohibée par exemple entre l'un des époux et le *paterfamiliâs*
dont l'autre dépendait. La loi 3 nous donne à ce sujet une
foule d'exemples, que nous pouvons résumer dans une
formule assez simple : La prohibition s'adresse aux membres de la famille d'un époux à l'égard des membres de
la famille de l'autre, en donnant au mot famille un sens
véritablement romain, en y renfermant toutes les personnes soumises à la puissance d'un chef. En un mot, il
y a prohibition entre les *personnes juridiques* des deux
époux.

L'introduction des pécules fit fléchir cette règle trop
absolue. On sait que la propriété des pécules *castrensia
et quasi castrensia* échappait au père : il était juste qu'un
fils de famille eût en propre certains biens que lui avaient

(a) Voir cependant les distinctions établies par loi 32, § 27 et 28.

acquis ses services dans les camps ou au palais. Relativement à cette fortune, que les jurisconsultes romains ap-
pelaient, ironiquement peut-être, *pusilla pecunia, pusil-
lum patrimonium*, le fils jouissait de tous les droits d'un
père de famille. Il n'y avait pas, quant aux pécules, absorption de sa personnalité dans celle du père. On comprend dès lors qu'il pût donner à sa mère et que réciproquement sa mère pût lui faire une donation qui grossît
son pécule, sans que l'autre époux fût réputé soit donateur,
soit donataire.

Nous avons pris pour type la *patria potestas* : il est su-
perflu de répéter pour la puissance dominicale tout ce que
nous venons de dire, l'esclave étant en quelque sorte *la
chose* de son maître.

La prohibition était une entrave trop directe, un obstacle
trop puissant, pour qu'on ne cherchât pas à en éluder les
effets. Dans toutes les matières du Droit, où s'élève une
interdiction quelconque, le législateur doit se prémunir
contre les concerts frauduleux, de telle sorte que les prescriptions qu'il édicte ne soient pas une lettre morte, un
vain mot. Cette observation nous conduit logiquement à
parler des interpositions de personnes. En thèse générale, il importe peu que les biens donnés aient été transmis directement par l'époux à l'épouse, ou qu'un intermédiaire bénévole ait été chargé de faire ce que la loi
défend. La donation est tout entière dans le consentement;
quant aux modes qui servent à la traduire, à l'exécuter,
ils sont nombreux. C'est ou la tradition, ou la mancipa-
tion, ou *l'in jure cessio*. Si des tiers prêtent à l'opération
un concours volontaire, ils sont les organes d'une volonté

étrangère, ils mettent à exécution une libéralité dont le
donateur a eu l'initiative : leur personnalité doit dispa-
raître. Tel est le principe. Nous ne pensons pas qu'à Rome
certaines personnes fussent réputées interposées : nous
verrons sous l'art. 1100 du Code Napoléon qu'il en est autrement dans notre droit moderne (Loi 25 princip. de his
quæ ut indignis auferuntur). La présomption d'interposition n'existait donc pas, et pour atteindre une libéralité, il
fallait prouver cette interposition.

La subtilité avait inventé et fourni mille moyens de se
soustraire à la prohibition générale : la loi 3 § 12 en cite
un exemple. Un époux intime à son débiteur l'ordre de
payer entre les mains de l'autre époux : Ulpien voit dans
cette opération une fraude à la loi ; c'est, dit-il, une libéralité véritable, mais abrégée, simplifiée. Le débiteur, au
lieu de remettre la somme au mari créancier qui l'eût remise lui-même à l'épouse, la transmet directement à
celle-ci. *Nam celeritate conjungendarum inter se actio-
num, unam actionem occultari.*

L'expression *occultari* nous dénote clairement le sentiment du jurisconsulte : l'opération lui paraît mystérieuse,
et du mystère à la fraude il n'y a qu'un pas. Le même
Ulpien, confirmant une opinion de Julien, présente l'hypothèse suivante : Si j'ordonne à Titius de reporter sur
ma femme la libéralité qu'il est disposé à me faire, cette
injonction n'est d'aucune valeur. (*Nullius est momenti,*
loi 3, § 13.) L'opération renferme encore un avantage,
mais elle est simplifiée. Pomponius, dans la loi 31 § 7,
a-t-il émis une opinion différente ? Est-il en contradiction
avec Ulpien et Julien ? Au premier aspect, la divergence

semble évidente. Primus m'offre une libéralité, soit à titre de legs, soit à titre d'hérédité; je le prie de la reporter sur mon épouse ; ce n'est pas une donation prohibée, ajoute Pomponius, rien ne sort de mon patrimoine. Comment donc concilier ces deux lois? A notre avis, la loi d'Ulpien (3, § 13) suppose que j'ai *accepté* la libéralité. *Perindè enim habendum est ac si ego acceptam et rem meam factam uxori dedissem.* Pomponius, au contraire, raisonne à un tout autre point de vue. C'est un tiers qui est disposé à me donner et auquel j'adresse une prière. Il n'y a de ma part aucune acceptation, rien ne m'est acquis, rien n'est distrait de mon patrimoine. Je ne me suis point dépouillé, j'ai manqué l'occasion de m'enrichir : mon épouse ne reçoit rien de moi, et tout se passe entre elle et le donateur.

Ulpien présente d'autres cas d'interposition. Une femme s'engage envers le créancier de son mari, c'est une pensée généreuse qui la guide, elle veut libérer son époux par cette espèce de novation que les Romains appellent *expromissio.* La loi 5, § 4, déclare que le mari ne sera point libéré et que la femme ne sera pas liée. Le fidéjusseur fourni par elle ne sera pas même tenu, car il a concouru accessoirement à un acte que la loi anéantit. *Neque virum liberari, neque mulierem obligari, vel fidejussorem ejus Julianus ait* (a). La délégation présentait aussi des dangers : la loi 39 les prévoit et donne une solution analogue aux précédentes. Quant à la promesse que ferait

---

(a) Voir au sujet de l'interposition de personnes l'hypothèse de la loi 5 *principium.*

la femme de payer une dette du mari, d'éteindre une de
ses obligations, elle serait également nulle, et à un double
titre : d'abord, comme donation prohibée, secondement
d'après la teneur du sénatus-consulte Velléien. Il faudrait
y voir une *intercessio pro marito*.

Pour en finir avec les interpositions de personnes,
nous mentionnerons l'hypothèse présentée par la loi 5
princip. Il y est question d'un fiancé qui, voulant gratifier sa fiancée, a livré l'objet à Titius, chargé de le transmettre au moyen d'une sorte de fidéicommis entre-vifs.
Titius a exécuté la tradition après la célébration des noces.
Est-ce le mari qui l'a interposé, la donation tombe et
l'*interpositus* ne peut faire après le mariage ce que le
mari ne pourrait faire lui-même. Est-ce la femme qui a
interposé Titius, il n'est alors qu'un mandataire, la donation est déjà validée depuis longtemps, elle a existé
avant le mariage, bien que la mise à exécution ait été postérieure. (Pothier, *Pandectes*, lib. 24, Titre 1, *prima pars*.)

Les époux ont cherché a dissimuler la libéralité sous
l'apparence d'un contrat à titre onéreux, d'une vente par
exemple. De deux choses l'une : Ou il n'y a pas de prix ;
(*nullum pretium*) l'opération est alors une donation,
l'intention a été de donner et non de vendre. Ou il y a un
prix, mais le prétendu vendeur l'a diminué et rendu
presque vil. Alors l'opération, qui est à la fois une vente
et une donation se dédouble, valable comme vente, nulle
comme donation (*a*). En fait, il y a gratification d'une

(*a*) Valable comme vente, sauf l'action *æstimatoria* et *quanti
minoris*.

valeur égale à la différence entre le prix véritable et le prix fictif. (Loi 5, § 5.)

C'est une société. La loi 32, § 24, nous apprend que, conformément au droit commun, cette société sera nulle si elle est contractée *donationis causâ*; toute société étant nulle à ce titre.

Supposons qu'un mari vende à sa femme la jouissance d'une servitude active, et que l'aliénation ait lieu à vil prix. L'opération, nous venons de le voir, participe de la vente et de la donation. Cependant, dans l'espèce, elle sera validée, grâce à l'indivisibilité de la servitude. La femme qui a acquis, je le suppose, un droit de passage, ne peut pas passer en qualité d'acheteur, et ne pas passer en qualité de donataire. (Loi 32, § 4.)

Un époux garantit à son conjoint créancier l'exercice de ses droits : il ne l'enrichit point, ce n'est pas une donation. Réciproquement, le conjoint créancier renonce à ces garanties; les lois romaines ne voient pas dans cette remise volontaire une libéralité prohibée. (Loi 1, § 19. *Si quid in fraudem patroni.* Loi 18. *Quæ in fraudem.*)

Autre question. L'usucapion fournissant aux époux un moyen indirect d'éluder la prohibition, on se demande si l'un d'eux peut acquérir par cette voie un bien appartenant à l'autre ?

La loi 44 *hoc tit.* s'occupe de cette hypothèse et la résout au moyen de distinctions. Et d'abord, la chose a-t-elle été livrée à l'un des conjoints par l'autre, l'usucapion ne peut produire effet; car elle manque d'un élément principal, essentiel, la *justa causa*. La prohibition est incompatible avec un juste titre. Il faut donc suppo-

ser qu'un tiers a livré la chose en vertu d'un juste titre.
Suivons pas a pas les distinctions de la loi 44. 1° C'est un
tiers qui a livré à la femme une chose appartenant au
mari : les deux époux sont de bonne foi, ils ne savent pas
que la propriété appartient au mari. La femme, dit Nératius, usucapera sans aucune espèce de doute ; il est im-
posssible de voir une libéralité, là où personne n'a l'intention de donner. 2° Le mari apprend que la chose lui
appartient, avant le terme fixé pour l'usucapion. Il peut
revendiquer, il ne le fait pas ; la femme elle-même a connaissance du fait. La possession, dit Nératius, est inter-
rompue parce que la connaissance de la femme donne à
son acquisition les caractères d'une libéralité : *Quia tran-
siit in causam ab eo factæ donationis ipsius mulieris
scientia.* 3° Le mari seul a connaissance de sa propriété,
la femme est de bonne foi. Quelle solution donner, en
l'absence de texte ? (La loi 44 ne mentionne pas le cas.)
Nous pensons que la femme usucapera valablement : elle
réunit en effet les conditions légales, elle possède de
bonne foi, en vertu d'une juste cause et par suite d'une
tradition émanant d'un étranger (*a*).

Une donation s'adresse-t-elle à la fois à un époux et à
des tiers, elle n'est annulée que pour partie. *Utile per inutile non vitiatur :* c'est une règle de droit et d'équité, en
matière de donations et de testaments.

(Loi 5 § 5 *de doli mali* ; loi 33 *de Novat* ; loi 38 § 1er *hoc
tit* ; loi 32 § 4. *ibid.*)

Une constitution 26 au Code affranchit de la prohibi-

(*a*) Voir la loi 5 § 6 et 7.

tion l'Empereur et l'Impératrice : il faut plutôt voir dans cette constitution un privilége attaché au rang qu'une exception à la loi générale.

Donations que la prohibition atteint. Donations qu'elle n'atteint pas.

Le mot *donation* implique plusieurs idées qu'il est bon de mettre en lumière. C'est d'abord un acte entre-vifs qui appauvrit le donateur, au profit d'un donataire qu'il enrichit : enfin l'appauvrissement doit être volontaire. *Donatio videtur quod nullo cogente conceditur.* Peu importe le mobile qui a dicté la disposition : *l'animus donandi* a pris naissance soit dans un sentiment généreux, soit dans un sentiment de vanité, d'ostentation. Peu importe : il y a d'une part appauvrissement, de l'autre enrichissement, l'acte est volontaire et entre-vifs, c'est une donation. J'en conclus que la capacité étant la règle entre époux, toute opération qui ne présentera pas les caractères que nous venons d'indiquer, sera licite, si d'ailleurs elle n'est attaquable à d'autres titres. Le Digeste énumère une foule de cas, auxquels la prohibition n'a pas trait, attendu qu'il n'y a pas donation. (lois 34. 49. 47. 5. § 15. 21. § 1.) Dans les exemples cités, il s'agit ou d'un mandat à exécuter, ou d'un devoir à accomplir, et c'est ici qu'il est opportun de placer ces belles paroles du jurisconsulte Paul, qui doivent en quelque sorte dominer la matière des donations entre époux.

Et sanè non amarè, nec tanquàm inter infestos jus pro-

hibitœ donationis tractandum est : sed ut inter conjunc-
tos maximo affectu et solam inopiam timentes!

Une des hypothèses précitées serait inexplicable pour
nous, si nous ne trouvions dans la maxime de Paul la solution de la question. Il est parlé d'une hérédité fidéi-
commissaire : le mari fiduciaire est chargé de remettre
les biens à sa femme, déduction faite d'une certaine valeur à son profit. Dès qu'il accomplit le mandat, dès qu'il
restitue l'hérédité, la valeur déduite lui appartient : son
titre, c'est le testament, c'est le fidéicommis. Il accepte
donc et le fidéicommis et en même temps la portion qui
lui a été assignée. S'il restitue intégralement, il est vrai de
dire qu'il s'appauvrit volontairement, qu'il se ravit à lui-
même un bien qui lui est légitimement acquis. Partant,
nous devrions raisonner ici comme nous l'avons fait plus
haut, en commentant la loi 3. § 12, *hoc tit.* Néanmoins,
Ulpien confirmant une opinion de Celse, donne une autre
solution que nous sommes loin de blamer, et qui s'explique par l'intimité des relations conjugales. Je cite ses
paroles : *Maritum sine deductione restituentem magis*
pleniore officio fidei prœstandœ functum quàm donâsse
videri.

Nous ne verrons pas de donation prohibée dans l'accomplissement volontaire d'une obligation naturelle. Si
le droit civil ne confère pas d'action au créancier, c'est
aussi une règle d'équité que le débiteur ne puisse revenir
sur une exécution qui est la manifestation la plus évidente
de l'obligation. (l. 9 *princip.* § 1ᵉʳ *condictione causâ*
datâ etc.)

Les jurisconsultes romains ne soumettaient pas non

plus à la prohibition une donation faite par l'un des époux à l'autre, sous la condition que le montant de la libéralité servirait à doter l'enfant commun. Ou plutôt, pour rester fidèles à leur impitoyable logique, ils résolvaient la question au moyen d'une de ces mille subtilités qui leur sont familières. La donation, disaient ils, (loi 34) est invalidée, mais elle revit par l'effet d'un consentement ultérieur. *Etsi nullius est momenti prima donatio, attamen ex sequenti consensu valere dotis dationem.* Ils décomposaient l'opération en deux faits distincts : le premier était nul, le second valable.

La constitution d'une dot pendant le mariage, constitution possible depuis Justinien, ne présentait pas les caractères d'une libéralité. (Voir la loi 25 de Vénuléius. *Quæ in fraudem*). Il y a véritablement dans la Dot un titre onéreux ; les charges du mariage, les devoirs, les sacrifices qu'il impose, enlèvent à la Dot son caractère apparent de libéralité. Nous ne saurions par conséquent la soumettre à la prohibition générale.

Il est temps d'énumérer les exceptions apportées au grand principe : « *Moribus receptum est ne inter virum et uxorem donationes valerent.* » Ceci nous amène à dire quelles donations étaient permises entre époux. Nous citerons :

1°. Les libéralités modiques, rémunératoires, autorisées par l'usage et les relations conjugales; en un mot, ces libéralités qui rentrent dans la catégorie des *munuscula* (l. 31 § 8 et 10).

2° Les libéralités testamentaires. Ici la prohibition devait fléchir : les raisons qui rendaient les donations dangereuses pendant le mariage, étaient moins sensibles et moins apparentes. Le testament, le legs ne devant produire effet qu'à une époque où le mariage sera brisé, époque peut-être fort lointaine, les époux jouissent d'une liberté plus grande : ils ont moins à redouter ces obsessions de tous les instants, qui aboutissent fatalement à la ruine du plus faible. Le testament est d'ailleurs un acte essentiellement révocable, tandis que la donation eût été actuelle et irrévocable (a).

3° Les Donations à cause de mort. *Inter virum et uxorem mortis causâ donationes receptæ sunt, quia in hoc tempus excurrit donationis eventus, quo vir ut uxor esse*

___

(a) On sait quelles modifications vinrent apporter au droit des testaments les fameuses lois Julia et Pappia Poppæa : on sait de quelles peines pécuniaires furent frappés d'une part les *cœlibes*, d'autre part les *orbi*. Les premiers se virent enlever toute la part à laquelle ils avaient droit; les seconds, punis pour une stérilité dont ils n'étaient certes pas responsables, perdirent la *moitié* des legs qui leur étaient destinés. Quant aux époux *orbi*, les lois caducaires leur firent un sort plus rigoureux encore. Ulpien nous l'apprend (*Regulæ*, Tit. XV, *De decimis*.)

Ce n'était pas même la *moitié* que les époux pouvaient recevoir l'un de l'autre, *matrimonii nomine*, mais la *dixième* partie. *Vir et uxor inter se matrimonii nomine decimam capere possunt......* *Præter decimam, etiam usumfructum tertiæ partis.....* On y ajoutait l'usufruit du *tiers* des biens. — Au titre XVI, Ulpien parle d'une *solidi capacitas* entre époux. La quotité fixée par les lois caducaires fut augmentée d'autant de dixièmes que les époux laissaient d'enfants, pourvu que le nombre ne dépassât pas *neuf*. Avec *neuf* enfants d'un précédent lit, la *solidi capacitas* est entière. On s'explique maintenant le surnom de *décimaires*, qui est encore attaché aux lois Julia et Pappia Poppæa. Elles furent définitivement abolies par les empereurs Honorius et Théodose II (Loi 2, c. *de infirm. pœn. cœlib.*, an. 410).

desinunt. (L. 9. I. 10). A l'exemple du testament, la donation à cause de mort ne dépouille pas actuellement le donateur : elle présente peu de danger, en ce sens que ses résultats sont indéfiniment ajournés. Bien plus, elle ne dépouille que les héritiers du donateur, car la condition de survie est de son essence même. Ces observations nous expliquent comment la prohibition les a toujours respectées.

La donation à cause de mort peut se présenter sous deux aspects différents : elle est faite ou sous condition résolutoire ou sous condition suspensive, pourvu que l'événement futur et incertain soit *la mort*. Je vous donne le fonds Cornélien, mais il me fera retour si vous predécédez : voilà une condition résolutoire. Le fonds Cornélien vous sera acquis, si vous me survivez : voilà la condition suspensive. Ces exemples amènent à leur suite une des questions les plus délicates et les plus débattues de la matière. La donation à cause de mort, à laquelle on aura apposé une condition de la première espèce, transmettra-t-elle *hic et nunc* à l'époux donataire la propriété des objets donnés, si d'une part l'intention de rendre actuellement propriétaire est évidente, et si d'autre part elle est suivie d'un mode translatif de propriété ? En un mot, un époux peut-il, en subordonnant sa libéralité à *la mort*, transférer à son conjoint une propriété actuelle et immédiate ?

Grande est la divergence entre les auteurs et les commentateurs. Avant de prendre parti, examinons les textes et voyons s'il n'est pas possible de les concilier. La loi 40 *de Mortis causâ don.* et la loi 11 § 2 *hoc tit.* nous parlent

d'une certaine rétroactivité. *Quandò itaque non retroaga-
tur donatio, emergunt vitia, ut Marcellus animadvertit ; si
mortis causâ inter virum et uxorem donatio facta sit,
morte secutâ reducitur ad id tempus quo interposita
fuisset.* Nous voyons déjà que si l'époux donateur a manifesté par un mode translatif son intention de rendre le
gratifié immédiatement propriétaire, la donation rétroa-
gira. Mais alors, que devient la prohibition, que devient
cette incapacité réciproque de recevoir pendant le mariage ?
Pothier, respectant la prohibition générale, se refuse à
cette translation immédiate : il y voit un moyen facile de
faire ce que la loi défend. Si nous ouvrons ses *Pandectes*
au Livre XXIV *hoc tit.* partie première. p. 41, nous y lisons ce qui suit : *Cæterùm non statim hunc effectum ha-
bebit, quemadmodùm si fieret inter alias personas ; quan-
dòquidem non potest dominium ullius rei ex causâ donationis in conjugem vivo donatore et constante matrimonio
transferri.*

Pothier convient simplement que la donation, si elle
est confirmée par le prédécès, aura cet effet de procurer
au donataire tous les avantages qu'il eût retirés d'un
transfert immédiat. *Atquè si reverà statim dominium ad
ipsum fuisset translatum.*

Cujas nous paraît partager cet avis, quand il dit qu'une
pareille donation ne rétroagit que *quoàd emolumentum :*
mais que, sous tous les autres rapports, il faut s'en tenir
aux règles ordinaires. Et il en donne une excellente raison : *nàm Falcidia*, ajoute le commentateur, *in eâ donatione locum habet, quasi ex morte vires accipiat* (a). Il y

(a) Cujas, t. VII, p. 1183.

a lieu, dans cette donation, d'observer les règles relatives à la quarte Falcidie, car c'est la mort, c'est le prédécès *seulement* qui lui donne effet, et non les modes translatifs auxquels le donateur a eu recours. Nous pouvons en conclure que jusqu'à la mort, le donateur n'a pu transférer le *dominium*, en dépit de la prohibition. Il a parfaitement pu, par une volonté expresse , décider que tout l'émolument acquis entre le jour de la disposition et celui du décès, serait reporté sur la personne du donataire : c'est une prière, un ordre même qu'il a pu imposer à ses héritiers. C'est une disposition à laquelle nous ne trouvons donc rien d'illicite, et tous les résultats seront appréciés en conséquence. Mais, encore une fois, il est hors de son pouvoir de transmettre à son conjoint , pendant le mariage, des biens que la prévoyance de la loi lui conserve en dépit de lui-même. Ulpien, dans la loi 11 princip., vient à l'appui de cette opinion ; sa pensée n'est pas équivoque, quand il dit : *medio igitur tempore dominium remanet apud eum qui donavit.* Les effets donnés restent *propres* à l'époux donateur ; cette solution est explicite, s'il en fut jamais (*a*) !

Malheureusement , la puissance de ces raisons, l'autorité des noms que nous avons invoqués, n'ont pas empêché l'opinion contraire de trouver accès , peut-être même de prévaloir. Elle s'appuie sur les lois 2 et 29 *de Mortis causá don.*, et sur la loi 11 , § 1er, *hoc tit.* Dans tous ces textes, il est question d'une translation actuelle : *jam nunc ha-*

(*a*) Dans le même sens, Savigny, *Traité du Droit romain*, p. 255, t. IV.

beret, statim fiat accipientis. Le même Ulpien, que nous avons invoqué tout à l'heure, détruit dans le § 1er de la loi 11 le principe qu'il a émis dans le *Proœmium.* Après avoir établi en thèse générale que le donateur conserve en propre jusqu'au décès les objets qu'il a pu donner, Ulpien s'écrie : Non-seulement la donation dont nous parlons est valable entre époux, non-seulement elle est appelée à produire des effets actuels, mais encore nous validons toute donation à cause de mort ainsi faite ! *Non solùm ea..... sed* omnis *mòrtis causâ donatio.* Les partisans de ce système, donnant au mot *omnis* la plus large acception, en concluent que les donations à cause de mort seront validées entre époux, sans exception aucune, quel que soit leur mode d'exécution, à quelque époque qu'elles soient faites. Quant à nous, nous ne saurions donner à une expression une généralité qu'elle n'a certainement pas, et le grand principe, *moribus receptum est,* nous.paraît avoir plus de poids dans la balance qu'un mot échappé peut-être à la plume d'un jurisconsulte. Nous confessons toutefois que, dans ce second système, la translation immédiate de la propriété ne présenterait pas de graves dangers, cette propriété n'étant pas incommutable, grâce à la révocabilité de la donation à cause de mort.

4° Les donations *divortii causâ.* A Rome, le divorce n'avait rien de déshonorant : il était souvent la suite d'un mutuel consentement et s'effectuait à l'amiable (*bonâ gratiâ*). Les avantages entre époux témoignaient, à l'approche d'une séparation, du mutuel attachement, de la bonne intelligence qui survivaient à cette séparation. Ces avantages furent favorablement traités : ils assuraient peut-

être la destinée d'un conjoint, alors qu'une existence nouvelle, isolée, commençait pour lui. Toutefois, la loi ne
validait la libéralité qu'autant qu'elle était faite à l'instant
du divorce (*sub ipso divortii tempore*, l. 12). En un mot,
le divorce était la condition de validité (l. 64).

5° Les donations *exilii causâ*. Mêmes réflexions que
pour le 4° (l. 43).

6° Les donations qui n'appauvrissent pas le donateur.
— La subtilité romaine avait imaginé une distinction
entre les actes par lesquels un homme diminue son patrimoine et les actes par lesquels il manque de l'augmenter.
Appliquant cette théorie aux donations entre époux, les
Romains disaient : La donation est valable, quand aucun
bien n'est distrait du patrimoine (l. 5, § 16. l. 31, § 7).
Un époux pouvait impunément renoncer à une hérédité,
à laquelle son conjoint était appelé en sous-ordre, en vertu
d'une substitution (*a*).

A côté des donations qui n'appauvrissent pas le donateur, il en est d'autres qui n'enrichissent pas le gratifié :
leur modicité est ordinairement une suffisante garantie
contre les abus. Je donne à mon épouse le fonds Sempro-
nien qui sera destiné à l'inhumation de sa famille ; l'inhumation, en rendant *religieux* un fonds qui ne l'était
pas, le soustrait à toute appropriation privée (l. 5, § 8,
10 et 11). La prohibition n'atteint pas davantage ces donations que la femme fait au mari, dans le but de lui
procurer des honneurs, des dignités. Il doit exister entre
les deux membres de cette association conjugale une étroite

(*a*) Voir p. 25, l'explication de la loi 5 § 15.

solidarité dans la bonne et la mauvaise fortune. Si la femme partage le rang et les dignités de l'homme, il est juste qu'elle puisse lui faciliter par une généreuse initiative l'accès de ces dignités (l. 40).

Une exception nouvelle fut introduite en faveur de la liberté ; l'un des époux put donner à son conjoint un ou plusieurs esclaves, à charge de les affranchir (*manumittendi gratiâ*). Dans l'espèce, à vrai dire, l'enrichissement du gratifié est incontestable, car il acquiert les droits de patronage, de succession. Mais la faveur de la liberté a fait fléchir, à cette occasion, la rigueur des principes généraux (l. 7, § 9).

7° Les donations consistant en fruits et intérêts. — Les textes nous fournissent des solutions diverses en ce qui concerne les fruits et les intérêts. S'agit-il d'intérêts de sommes d'argent, la donation entre époux est valable. (l. 31 § 6 l. 7 § 3, l. 15 § 1, l. 16). S'agit-il de donations de fruits, Marcellus prétend que la prohibition les atteint sans distinction (l. 49). D'autres distinguent (loi 45 *de usuris* l. 9 § 1 *hoc tit.*). Julien, plus absolu, assimile les fruits aux intérêts (l. 17 *hoc tit.*) et valide la donation de fruits. Sans résoudre la controverse, bornons nous à la signaler. Quant aux motifs qui ont porté les jurisconsultes romains à faire une distinction entre les fruits et les intérêts, il est facile, si je ne me trompe, de les découvrir. Un fonds de terre, étant de sa nature une propriété stable, est appelé à donner des fruits périodiques, assurés. Donner les fruits qu'il produit, c'est se dépouiller d'un bien réel. Il n'en est point ainsi des intérêts : une somme d'argent, soumise à toutes les variations du commerce, ne saurait produire des revenus constants et assurés. L'argent est une propriété essentiellement instable : négliger les intérêts, en faire don, ce n'est pas s'appauvrir d'une manière certaine (*a*).

Ulpien, dans la loi 7 § 2, nous parle de la donation mutuelle. Les époux se sont fait un don réciproque d'une somme égale : régulièrement, les deux dispositions devraient être annulées. Le jurisconsulte décide toutefois qu'il s'établira entre elles une compensation. Toute demande sera repoussée par l'exception de dol. (l. 8 *princip. de doli mali*) (*b*).

Effets de la prohibition.

(Condictio vindicatio, etc.)

Une loi qui se bornerait à des prohibitions serait une loi imparfaite : elle manquerait de sanction s'il était loisible de la violer impunément. Aussi les textes sont-ils unanimes à déclarer nuls de plein droit, tous actes faits en dépit de l'interdiction générale. *Sciendum autem ità interdictam inter virum et uxorem donationem, ut ipso jure nihil valeat quod actum est.* Et plus loin : *ut, si quidem exstet res, vindicetur, si consumpta sit, condicatur* (l. 3 § 10, l. 5 § 18).

C'est une promesse qui a été faite sur stipulation :

(*a*) Voir dans nos positions la question des fruits dotaux.

(*b*) La rétention *ob res donatas*, accordée au mari, était encore une compensation partielle.

appliquons le principe général : *Ipso jure nihil valet.*
L'époux qui s'est lié n'aura pas même besoin d'une
exception, le droit civil vient à son aide.

Un époux, créancier de l'autre, fait avec lui un pacte
de non petendo : c'est une remise de dette, et la loi
annule la convention. Si la loi n'eût annulé une semblable convention, l'époux créancier, repoussé dans sa demande par l'*exceptio pacti*, eût été obligé de recourir lui-
même à une *réplique,* tirée de la prohibition (*a*).

La donation a été suivie de tradition.

Les effets donnés, s'ils existent en nature, sont susceptibles de revendication. En combinant ces principes avec
la fameuse théorie de l'accession des édifices, nous
voyons qu'un époux, donataire d'un fonds, est tenu de
restituer et le fonds et l'édifice construit. Toutefois, la loi
31, § 2, nous apprend que la femme a droit à la restitution de ses impenses; sinon, elle jouit du droit de rétention. — Le mari a donné des *matériaux* et la femme les
a employés à l'édification de bâtiments. Ici le donateur
est en faute, il a agi contrairement à la prohibition : la
loi lui refuse et la revendication des matériaux et l'action
ad exhibendum, tant qu'ils sont adhérents à l'édifice lui-
même. La loi refuse la revendication, en vertu de ce
grand principe de droit : *Exstinctæ res vindicari non
possunt :* quant à l'action *ad exhibendum,* la loi des Douze
Tables s'oppose formellement à son exercice, nul n'étant

(*a*) Voir à ce sujet la loi 5 § 1. Dans cette loi, l'acceptilation ne
libère pas l'époux codébiteur solidaire, tout en libérant les autres
solidaires : elle est scindée dans ses effets.

tenu d'extraire de ses bâtiments les matériaux appartenant à autrui. Que fera le donateur? Attendra-t-il la ruine
de l'édifice pour effectuer la revendication? Intentera-t-il
l'action au *double de tigno Juncto*? Si nous adoptions les
principes généraux énoncés au livre II des *Instituts*, § 29
et 30, tit. I, nous dirions que l'époux est censé avoir fait
une libéralité (*donâsse censetur*), et nous lui fermerions
toute voie de recours. Mais c'est précisément ici ce que
la loi défend ! En présence de cette difficulté, nous croyons
devoir lui refuser l'action au *double de tigno juncto*, car
il a contrevenu à la loi : mais nous lui accordons cette
condictio spéciale, dont parle la loi 5, § 18, *hoc tit. Condicatur hactenùs, quatenùs locupletior quis eorum factus
est (a.)* Nous allons plus loin : la tradition n'a pu conférer
au donataire qu'une possession précaire, et qu'on est con-
venu de désigner en doctrine sous le nom de *possessio
quoad interdicta* (l. 1, § 10, *de vi armatâ*).

Outre la *rei vindicatio*, action réelle, la loi met aux
mains de l'époux dépouillé une *condictio*, action essentiellement personnelle, et dont l'utilité est évidente au cas
où il y a eu *consumptio*. Les textes parlent longuement
de cette *condictio* et lui donnent plusieurs dénominations.
C'est, suivant les cas, une *condictio sine causâ*, une *condictio in quantum locupletior*. La donation comprend-elle
une somme d'argent, chose essentiellement *fongible*, non
susceptible de revendication, la *condictio* sera donnée
jusqu'à concurrence du montant des sommes.

Autre hypothèse présentée par Ulpien. Le mari est

(a) Loi 63 *eodem titulo.*

propriétaire d'une servitude active, il néglige de l'exercer, *animo donandi.* La servitude, éteinte par le non-usage, donnera lieu à une *condictio* qui procurera au donateur l'équivalent de la libéralité. (L. 5 § 6 et 7).

Si de nouveaux objets ont été acquis en échange des objets donnés, y aura-t-il subrogation réelle, y aura-t-il revendication? Nous ne le pensons pas : en l'absence de textes formels, nous nous bornons à accorder la *condictio.* Paul parle cependant d'une *vindicatio utilis* de ces objets, dans un cas spécial; c'est dans l'hypothèse où le donataire est devenu insolvable (l. 55).

A quelle époque doit s'apprécier l'enrichissement du donataire? La loi 7 répond : C'est au moment de la *litis contestatio :* le § 3 donne à ce sujet une solution digne de remarque. Un mari a donné à sa femme de l'argent : celle-ci a acheté un fonds de terre. Si lors de la *litis contestatio,* les fonds de terre sont à vil prix, on appréciera l'enrichissement d'après la plus faible des deux valeurs. La femme restituera soit les fonds de terre, si la donation dépasse leur valeur, soit la donation, si sa valeur est infé rieure aux fonds. Cette solution d'Adrien nous paraît déroger aux règles générales de la *condictio,* qui tend à faire recouvrer au disposant l'équivalent même de ce qu'il a donné, ou bien une somme égale à l'enrichissement du gratifié. L'opinion du divin Adrien n'a sans doute que la force d'un *rescript. Et hoc divus Hadrianus* CONSTITUIT.

On a pu voir précédemment que la propriété des objets donnés demeure au donateur : les risques sont à sa charge. Toutefois, il ne faut jamais encourager le dol et le laisser impuni. Voici comment s'exprime Julien, dans la loi 37 : *Si mulier dolo fecerit ne res exstaret sibi à marito donata, vel ad exchibendum, vel damni injuriæ cùm eâ agi poterit, maximè si post divortium id commiserit.* Après la séparation, le donataire coupable est sans excuse : les relations conjugales sont brisées et le divorce donne un caractère de haute gravité à une faute que le lien du mariage eût peut-être atténuée. J'assimile au dol la *faute lourde :* mais je ne saurais aller au delà. Les choses données ont elles péri par suite d'une simple négligence, d'une faute légère, imputée au donataire, les risques incombent au disposant qui, en contrevenant à la prohibition, a lui-même commis la première faute.

Deux textes nous apprennent que le montant de la libéralité ne faisait pas invariablement retour au donateur. Un sénateur avait-il épousé une affranchie, un tuteur sa pupille, un citoyen s'était-il marié contrairement aux lois et constitutions, les libéralités provenant de ces unions illicites étaient attribuées au fisc (*fisco vindicari*) l. 32 § 28 *hoc tit.* L. 4 *de Incestis.* Code. Ce n'est pas là une exception véritable : c'est plutôt une peine infligée aux contrevenants.

CHAPITRE DEUXIÈME.

DROIT ROMAIN

Époque postérieure au sénatus-consulte de Caracalla.

(An 206 de J.-C.)

———

Le Sénatus-consulte de l'an 206 est attribué à Septime Sévère et à son fils Antonin Caracalla, associé à l'empire du vivant de son père. La loi 3 au Code *hoc tit.* et le § 295 des *Fragmenta Vaticana* ne laissent aucun doute à cet égard. Ce Sénatus-consulte fut présenté au Sénat sous la forme d'une *oratio*. En voici les termes : AIT ORATIO : *fas esse eum quidem qui donavit pœnitere : hæredem verò eripere, forsitàn adversùs voluntatem supremam ejus qui donaverit, durum et avarum esse,* l. 32 § 2. L'innovation nous apparaît toute entière dans ces quelques mots. Il sera toujours permis au donateur de se repentir et de révoquer la libéralité ; mais il serait dur que la cupidité d'un héritier pût ravir les biens au gratifié, peut-être en dépit de la volonté dernière du donateur.

Rappelons brièvement les principes que nous avons développés dans notre première partie. La donation à cause de mort produit effet, nous le savons, à une époque où le mariage n'existe plus : créée à l'image du testament, elle est comme lui révocable : la loi la tolère entre époux. Survient le Sénatus-consulte : que dit-il ? Quelles sont les modifications qu'il apporte? Les voici. A l'avenir, toute donation entre époux sera traitée comme donation à cause de mort, essentiellement révocable et soumise à la condition tacite du prédécès. Les règles de la Falcidie lui seront applicables. *Falcidiæ locum fore opinor, quasi testamento sit confirmatum quod donatum*, 1. 32 § 1. La loi ne cesse de la prohiber comme acte entre vifs, mais elle la valide comme acte de dernière volonté. Sa révocabilité assure à l'époux généreux une garantie contre ses entraînements et une indépendance qui s'oppose à toute idée de captation. Bien plus, dans les donations de droit commun, la révocation n'est accordée que pour des causes déterminées : ici, elle a lieu sans motifs, *ad nutum*.

Voyons à présent quels effets peuvent avoir sur une semblable donation des événéments ultérieurs, tels que le prédécès du donataire ou donateur, la révocation ou la confirmation.

Prédécès du donateur. — Cette condition est de l'essence même de la donation *mortis causâ :* les Instituts nous apprennent en effet que le disposant, tout en préférant le gratifié à ses légitimes héritiers, ne laisse pas de se préférer lui-même à tous autres. Certaines peines avaient été assimilées à la mort naturelle, produisant tous les effets de ce que nous avons appelé en Droit français la *Mort civile. Quamvis morti servitus comparetur* (a).

Les époux sont tous deux soumis à la puissance paternelle, ils n'ont pas de personnalité propre. Tout ce que l'un des beaux pères donne à l'épouse est censé provenir

(a) Voir cependant la loi 32 § 6 et la Novelle 22 cap. 8.

du mari : ce résultat, que nous avons précédemment expliqué, est une conséquence forcée de la confusion de personnes. Nulle avant le sénatus-consulte, cette libéralité est validée depuis Antonin Caracalla. Mais ici, quelle sera la condition de validité ? Quel décès prendre en considération ? Sera-ce le décès du fils, c'est-à-dire du mari, sera-ce celui du beau-père ? Papinien pense que la donation ne sera validée qu'après la mort et du père donateur et de son fils. *Papinianus exigit ut et filius ejus qui donavit, antè decesserit et socer posteâ, durante voluntate.* L. 32, § 16 (a).

Prédécès du donataire — La donation qui nous occupe n'ayant que des effets conditionnels, l'époux donataire doit justifier de sa capacité, au moment où les conditions se réalisent. Son prédécès entraîne la caducité de la disposition, et ses héritiers sont inhabiles à succéder à des droits que leur auteur n'a point encore acquis.

Les époux ont-ils péri dans un même événement, la donation à cause de mort est validée. L. 32, § 14. Les Romains, pour résoudre l'hypothèse, n'avaient pas à leur service la fameuse théorie des *comorientes*, théorie basée sur des présomptions que le Code Napoléon a jugées suffisantes. Ils penchaient pour la validité : *et magis puto donationem valuisse!* En effet, disaient-ils, on recherche lequel des deux époux est prédécédé : voilà le point douteux. Dès lors, on ne peut dire que le donataire soit mort le pre-

_____

(a) La loi 11 § 7 et 8 montre quels sont les effets de l'interposition de personnes sur une donation entre époux, validée par le sénatus consulte.

mier, puisque donateur et donataire sont morts *ensemble*.
De même, les dons mutuels qu'ils ont pu se faire seront
respectivement confirmés, par cette raison qu'aucun
d'eux n'a survécu à l'autre. *Sed, cùm neuter alteri su-
pervixerit, donationes mutuæ valebunt.*

Autre hypothèse. L'un des époux est tombé en captivité. En combinant les principes du *postliminium* avec
la fiction de la loi *Cornélia*, nous arrivons à la solution
suivante : Si le donateur ne revient pas dans la cité, il
est réputé mort le jour même où il a été fait prisonnier,
et la loi *Cornélia*, par une fiction toute romaine, lui conserve, au moment de sa captivité, la plénitude de ses
droits. Légalement, il est donc mort, *captivitatis tempore*, il est mort capable et la donation qu'il a faite est
validée, par cette raison que le donataire lui a survécu.

Le donateur captif est-il rentré dans ses foyers, il est
réputé n'avoir jamais été prisonnier ; il faut donc attendre
les évenements ultérieurs, pour valider ou invalider la
disposition. Elle tombe ou subsiste, selon qu'il survit ou
prédécède. l. *ultima* code *hoc tit.* l. 32 § 14 *Dig. hoc
tit.* (*a*).

Avant d'arriver à la révocation, nous devons faire
observer que, dans certains cas, la donation est annihilée
faute de capacité, ou bien faute de formalités. Par exemple, au moment de la mort, le donateur n'a pas la disposition de ses biens ; le donataire est incapable de recevoir.
Ces incapacités sont autant d'obstacles à la confirmation.

_____

(*a*) Nous avons mentionné les autres hypothèses dans nos positions.

L. 32, § 6, 8 et suiv.; L. 24 Code. La donation dépassait 200 ou 500 *solides*, (suivant l'époque) elle était soumise aux formalités de l'insinuation. L'insinuation n'a pas eu lieu : la libéralité ne vaut que jusqu'à concurrence de 200 ou 500 *solides;* pour l'excédant, elle est caduque. Code, *Constitution* 25.

Révocation. — La liberté de révoquer est entière : l'époux qui se repent de sa générosité, n'a aucun motif à alléguer pour en détruire les effets. Que sa révocation soit arbitraire, capricieuse, tacite ou expresse, il n'importe !

Devons-nous voir dans le divorce une révocation tacite? Oui, sans aucun doute. Cette séparation n'est-elle pas une preuve, implicite il est vrai, mais puissante d'un changement de volonté? Des commentateurs ont cru devoir distinguer entre le divorce *bonâ gratiâ* et cette scission plus brusque, qui a lieu *cùm animi irâ*. Au premier cas, la révocation ne doit pas en être inférée.

Ce qui choque les commentateurs, c'est que la manifestation d'une volonté contraire est loin d'apparaître dans le divorce *à l'amiable*. Nous répondons, qu'en fait, il est bien peu d'actes qui permettent de supposer avec autant de certitude cette manifestation contraire. Et d'ailleurs, si l'époux veut témoigner au conjoint qui le quitte un attachement qu'on ne saurait blâmer, rien ne l'empêche de faire revivre la libéralité, en lui donnant pour base sa volonté nouvelle.

L'aliénation de l'objet donné implique révocation. En effet, quelle manifestation plus énergique que d'enlever un bien au donataire, pour le transmettre à une tierce personne? 1. 32 § 15. Une simple constitution soit de gage, soit d'hypothèque, n'impliquerait pas nécessairement cette révocation l. 32 § 5. Entre plusieurs manifestations de volonté, c'est à la dernière qu'il faut s'en référer, et dans le doute, le juge doit pencher pour la validité de la disposition l. 32 § 3 et 4. *Quod si in obscuro sit, proclivior esse debet judex ad comprobandam donationem.*

Nous avons réservé pour la fin de cette section une question des plus débattues. Son étendue, son intérêt, la discussion à laquelle elle peut donner lieu, nous ont décidé à la traiter séparément. Il s'agit de savoir si le sénatus-consulte d'Antonin Caracalla s'applique à toutes donations, quel que soit leur mode d'exécution. En un mot, s'applique-t-il aux donations faites au moyen de *promesse* ou de *remise*, comme à celles qui s'opèrent au moyen de la tradition?

Vinnius (*Selectæ questiones* lib. 2, chap. 15) refuse aux donations faites sur stipulation le bénéfice du sénatus-consulte. *Promettre* n'est pas *donner*, dit Vinnius : une promesse n'a ni même valeur ni même signification qu'une tradition, et celui qui s'oblige sur stipulation conserve davantage l'intention de révoquer. Et le commentateur trouve une preuve évidente de ce qu'il avance, dans la loi 32 § 2. La loi, dit-il, ne veut pas qu'un héritier dur et cupide *arrache* au donataire les biens qui lui ont été donnés. Or, on *n'arrache* que ce qui a été *livré*. Reprenons ces arguments. *Promettre n'est pas donner.* Je le veux bien : mais alors, que faites-vous de l'obligation civile? Faut-il la laisser sans effet? Une obligation fondée sur le *strictum jus* n'est-elle pas le plus puissant de tous les liens? Et, sauf le transfert de la propriété, la stipulation n'engendre-t-elle pas aussi bien la donation qu'une tradition effective?

Celui qui s'oblige conserve davantage l'intention de révoquer. C'est possible : mais cela ne me prouve pas *qu'en fait* il y ait eu révocation.

Quant au troisième argument, je le qualifie d'argutie. Ulpien n'a pas eu l'intention que vous lui prêtez, en se servant de l'expression *eripere.* Ce mot signifie aussi bien *enlever* qu'*arracher.*

Le prince des jurisconsultes romains, Papinien avait fourni à Vinnius la solution que nous venons d'exposer. *Papinianus* RECTÈ *putabat orationem divi severi ad rerum donationem pertinere : denique si stipulanti spopondisset uxori suæ, non putabat conveniri posse hæredem mariti, licèt durante voluntate maritus decesserit* 1. 23. Ulpien semble donner son assentiment à l'avis de Papinien. *Papinianus* RECTÈ *putabat.*

Quelle que soit l'autorité de Papinien et de Vinnius, nous ne partagerons pas leur avis. D'abord; nous ne voulons pas opposer Ulpien à lui-même (l. 23.et l. 32 § 1ᵉʳ). Ce jurisconsulte nous semble formel et catégorique dans la seconde de ces lois. *Oratio autem Imperatoris nostri de confirmandis donationibus, non solùm ad ea pertinet quæ nomine uxoris à viro comparata sunt, sed ad* OMNES *donationes inter virum et uxorem factas, ut et ipso jure fiant ejus cui donatæ sunt, et* OBLIGATIO *sit* CIVILIS. C'est dans cette loi que le jurisconsulte émet sa pensée toute entière : le sénatus-consulte s'applique à toutes donations entre époux, soit qu'il y ait eu tradition, soit qu'il y ait obligation civile. Il est difficile d'être plus clair et plus explicite. Des commentateurs, embarrassés de la contradiction d'Ulpien, ont supprimé le mot *rectè* dans la loi 23. Ce procédé nous semble trop facile et trop expéditif. D'autres admettent que la loi 23 n'a été insérée que par inadvertance ou qu'elle a subi des altérations. Pour nous, nous voyons dans la loi 23 une opinion personnelle à Papinien, opinion à laquelle Ulpien se serait d'abord rangé, par condescendance pour le prince des jurisconsultes. Puis, revenant à la question dans la loi 32, Ulpien la traite d'une manière plus générale. Dans la première loi, il donne son assentiment; dans la seconde, il émet et développe sa pensée. Il faut donc s'en tenir au dernier de ces deux textes. Si nous doutions encore, la loi 33 *princip.* et § 2 nous confirmerait pleinement dans notre solution. Il y est question d'une donation entre époux, faite sur stipulation : c'est bien l'hypothèse où nous nous sommes placés. La loi déclare que la disposition sera validée par les termes de l'*oratio*. *Dicendum erit ex oratione donationem convalescere.* Au reste, depuis Justinien, la question n'offre plus de difficulté : ce prince, dans la Novelle 162, cap, 1, a résolu la controverse dans notre sens.

Quelle était la quotité disponible entre époux, soit au cas de premier, soit au cas de second et subséquent mariage.

Les fameux paragraphes 298 et suivants des *Fragmenta Vaticana* nous permettent de penser que, dans le principe, le disponible entre époux fut plus élevé que le dis-

ponible ordinaire. *Nàm permisit lex in infinitum dare*.
Depuis Antonin Caracalla, les avantages entre époux, va-
lidés comme donations à cause de mort, confirmés à
l'exemple des testaments, durent être soumis aux règles
de la Falcidie. Cette faculté de retenir le 1/4 des biens,
introduite d'abord dans les hérédités testamentaires, fut
extensivement appliquée aux hérédités *ab intestat*, aux
donations à cause de mort et aux donations entre Epoux.

La Falcidie fut donc la première entrave sérieuse apportée aux libéralités.

C'est aux Empereurs chrétiens qu'on doit les premières
constitutions qui règlent définitivement le disponible
entre époux. En l'an 380, Théodose, Valentinien et Gra-
tien décidèrent, dans une constitution première au Code,
que la femme remariée avant l'expiration de l'année de
deuil, ne pourrait, même à titre de Dot ou de Testament,
donner à son second mari plus du tiers de ses biens. l. 1er.
C. de secundis Nuptiis.

Les mêmes Empereurs, dans la fameuse constitution
Feminæ quæ, exigent que la femme remariée réserve à
tous les enfants du précédent lit ou à *l'un* d'entre eux tous
les biens qu'elle tient du premier mari, à quelque titre
que ce soit. Ils lui accordent toutefois la faculté de conserver l'usufruit de ces mêmes biens. *Atque habeant fa-
cultatem possidendi tantùm atque fruendi in diem vitæ,
non etiàm alienandi concessà facultate.* (An 382). La
constitution 5, édictée en l'an 444, impose la même obligation au mari veuf qui convole en secondes noces. *Iis-
dem casibus, maritum quoque quæ de bonis mulieris ad
eum sunt devoluta, morte mulieris dissoluto matrimonio,*

communibus liberis servare. Nous arrivons à Justinien et aux modifications qu'il introduit. La Novelle II cap. 1er, *de electione sublatâ,* interdit à l'époux remarié le choix dont nous avons parlé précédemment. L'époux qui convole est tenu d'abord de réserver les biens provenant du premier mariage aux enfants communs, sans distinction ni préférence. *Et nullam esse licentiam matri alios quidem filiorum eligere, alios autem exhonorare (a).* Il doit en outre renoncer à l'usufruit des biens du prémourant. Nov. 2. cap. 3. § 1er.

Jusqu'ici, nous avons raisonné dans l'hypothèse où l'époux remarié a reçu les biens de l'époux prédécédé : nous venons de voir que ces biens, provenant d'un précédent mariage, étaient attribués aux enfants communs. La prévoyance de la loi ne devait pas se borner là ! Elle devait encore déterminer, sur les biens propres de l'époux remarié, une quotité, attribuée en qualité de réserve, aux enfants issus de la première union. Il y avait tout lieu de craindre que les liens du nouveau mariage, l'ascendant du second époux, l'amour quelquefois irréfléchi des enfants du second lit, ne lui fissent trop promptement oublier des enfants dont le souvenir est souvent importun.

En 469, un texte célèbre, la constitution *Hâc Edictali* vint réglementer cet état de choses et pourvoir à ces intérêts.

1° L'époux qui convole a-t-il des enfants d'un premier mariage, il lui est interdit de donner à son nouveau con-

---

(a) Consulter en outre la Nov. 22 cap. 25. *Venient autem talia lucra ad filios omnes ex prioribus nuptiis.*

joint, à quelque titre que ce soit, plus d'une part calculée sur cellé que recueillera l'enfant le moins prenant. L'enfant le moins prenant, bien entendu, a toujours droit à sa *légitime*. 2° L'époux qui convole n'a pas d'enfants d'un précédent lit : il rentre dans le droit commun, il peut étendre sa libéralité, sauf à respecter la *légitime* des enfants du second lit.

Pour calculer la part de l'enfant le moins prenant, on compte dans les deux lits (*constit.* 6. *principium*) et si la part a été excédée, il y a réduction au profit exclusif du premier lit. Nov. 22 cap. 27. *Ex priori matrimonio filiis, propter quos et observatum est, detur solis, nullà machinatione neque per suppositas personas neque per aliam aliquam causam interponi valente.* Pour prétendre à cette réserve, il suffisait que les enfants du premier lit *existâssent* et ne fussent pas déclarés ingrats. (Nov. 22. cap. 20 et suiv).

A leur décès, ils transmettaient à leurs ascendants et descendants leur droit à cette réserve l. 7, Code *de secundis nuptiis*. (Nous signalons ici un cas de représentation).

Enfin, c'est au décès de l'époux remarié qu'il faut s'attacher pour déterminer et le nombre des enfants qu'il laisse dans les deux lits et la part du moins prenant. (*Nov.* 22, cap. 28. *Mortis binubi parentis tempus observari.*)

CHAPITRE TROISIÈME.

DROIT BARBARE. DROIT COUTUMIER. DROIT INTERMÉDIAIRE.

————

Pendant que le monde romain s'écroule, entraînant dans sa chute les antiques institutions qui avaient fait pendant des siècles sa force et sa grandeur, nous voyons apparaître les hordes barbares qui vont lui succéder et jeter les fondements des nationalités modernes. Associations de guerriers gravitant autour d'un chef, les peuplades barbares répandent dans le monde qu'elles ont conquis leurs institutions farouches et despotiques. Dans cette société nouvelle, où les mœurs présentent toute la rudesse des temps primitifs, l'homme est tout, la femme n'est rien. Soumise jusqu'au mariage à la puissance du père, elle passe ensuite sous la domination maritale. Chez les Germains, le mari *l'achète* de ses parents, et c'est en fournissant le prix d'achat qu'il acquiert cette puissance, connue sous la dénomination de *mundium*. Étrange acquisition, dont nous retrouvons les traces à l'origine de tous les peuples, et dont le droit romain fournit lui-même un exemple dans la *coemptio!* Le prix du *mundium* est donné au père : à défaut, aux plus proches parents, comme pour les indemniser de la puissance qu'ils viennent de perdre.

Mais peu à peu, la condition de la femme s'élève : cette vente grossière disparaît, la femme se *donne* au mari et le prix du *mundium* lui est attribué. Nous trouvons dans cette transformation du *mundium* l'origine des présents que le mari fait à l'épouse, présents qui finirent par passer dans les mœurs sous diverses qualifications (*Dos, arrhœ, mundium, nuptiale pretium*) (*a*).

Du *Morgengab*. — Institution germanique, le *morgengab* vint prendre place parmi les dons nuptiaux ; c'était un présent que le mari faisait à l'épouse le lendemain des noces. *Theoretrum et pretium pulchritudinis, ob prœmium deflorata virginitatis* (Ducange, *verbo morgengab*). Il était le prix de la beauté, et ne pouvait appartenir qu'à la vierge. A l'imitation du *morgengab*, l'usage avait introduit pour les femmes veuves une autre libéralité appelé *abendgab* ou présent du soir. Y avait-il doute relativement à l'existence de ces dons, ou relativement à leur quotité, la femme était crue sur son affirmation.

(*a*) *Dotem non uxor marito sed uxori maritus offert. Intersunt parentes et propinqui ac munera probant.* (Germanic. 18.)

M. Troplong, commentant ce passage de Tacite, prétend que l'illustre historien n'a pas l'intelligence véritable de ce qu'il raconte. Il ne s'agit point ici d'une *dot*, dans le sens romain. C'est un achat, c'est un prix ; ce n'est pas une *Dot*. Sans doute, quand les idées se seront modifiées et adoucies, ce prix d'achat se transformera en une dot honorable. Mais à l'époque de Tacite, la férocité germaine n'y voit que le prix d'un droit qu'on achète.

Jurare licebat per pectus suum (a). Primitivement, aucune restriction ne vint limiter le taux de ces libéralités : mais plus tard , on finit par admettre en pratique que le *morgengab* ne pourrait excéder le quart des biens laissés par le mari. L'expérience avait démontré tout le danger de ces avantages , qui n'étaient trop souvent que le résultat d'une passion aussi irréfléchie que passagère.

Cette institution empreinte d'un cachet barbare, tomba en désuétude et fut remplacée par le *Douaire* et l'*Augment* de *Dot*. « Nous avons déjà vu, dit M. Troplong , l'usage du *morgengab* en vigueur chez les Grecs ; il paraîtrait qu'il existait aussi chez les Romains. Mais il était dans les mœurs et non dans les lois, au lieu que chez les Germains il était une institution liée au mariage et entourée de la faveur légale. Tous les peuples primitifs obéissent à cette pensée inhérente à la barbarie, de se glorifier comme d'une conquête des prémices de la femme et de manifester leur joie grossière par des libéralités. » — (*Préface du contrat du Mariage* , p. 107).

Plus tard, nous apprend le même auteur, le *morgengab* et le *pretium nuptiale* se confondirent et donnèrent naissance au *Douaire*, institution très-célèbre dans nos coutumes. Le *morgengab* avait un caractère trop charnel pour la spiritualité que le christianisme a mise dans le mariage : il ne pouvait subsister sans se dénaturer.

Du *Douaire*. — Son origine a donné matière à contestations. Le Douaire est-il une dérivation du *morgengab,* est-il une dérivation de la *Dos* germanique ?

(a) Baluze 1. p. 72 , *lex Alamannorum* Laboulaye, *condition des femmes à Rome et au moyen âge,* p. 280 et suiv.

Ce n'est pas dans le Droit romain qu'il faut chercher l'origine du Douaire : il n'y a rien dans ce Droit qui y ait rapport. (Pothier, *traité du Douaire art.* 1ᵉʳ). Les Romains n'avaient pas songé a protéger la femme veuve : tout autre est le système du Droit Coutumier, qui assure l'existence de la veuve par un Douaire (*donarium doarium*).

Certains auteurs prétendent que le Douaire n'est autre chose que le *morgengab,* et fondent leur opinion sur cet adage devenu célèbre : « *Au coucher, gagne la femme son Douaire.* » D'autres pensent que cette institution n'est que la combinaison du *morgengab* et de la *Dos* germanique. « Cette dot que la femme, au rapport de Tacite, recevait du mari était vraisemblablement la même chose que notre douaire ; c'est-à-dire, quelque portion que l'homme en se mariant, assignait à la femme qu'il épousait, pour que la femme en jouît, après la mort de son mari, en usufruit pour sa subsistance. Les femmes chez la plupart de ces peuples, comme chez les Saliens, étant incapables de succéder aux héritages de leurs parents, il était nécessaire que les maris pourvûssent de leurs biens à la subsistance de leurs veuves. » (Pothier *ibidem.*) M. Troplong trouve l'origine du Douaire dans la combinaison dont nous avons parlé. « En se métamorphosant en Douaire, le *morgengab* fut attribué à la veuve : il finit ensuite par être attaché à la célébration du mariage et non plus à la cohabitation charnelle. De son côté, la *Dos* germanique, transformée en Douaire, devint un gain de survie et se changea en usufruit. » *Préface du contrat de mariage,* p. 109.) Dans un autre passage, ce même anteur fait dériver le Douaire du *mundium* et de la *Dos.* « Lorsqu'une civilisation plus avancée a donné à la femme une dignité personnelle incompatible avec un achat, le prix devient un Douaire. Le douaire n'est qu'un dérivé de l'achat : c'est un achat revêtu d'un nom plus honorable et d'un caractère plus doux. » (p. 10.*ibidem.*)

A l'époque Franque, le Douaire n'est pas encore coutumier, c. à. d. légal : il résulte de la convention. La loi laisse aux parties la liberté de régler elles-mêmes, par les clauses du contrat de mariage, ce que l'homme doit laisser à sa veuve : ce qu'elles ont réglé est le Douaire *conventionnel.* Mais peu à peu on voit s'accréditer cette idée qu'un Douaire est *dû* à la femme et que le mari contracte par le seul fait du mariage l'obligation de le fournir. Ceci est tellement vrai que, suivant Pothier, le Douaire n'est pas une libéralité, dans la véritable acception du mot, bien qu'il soit un titre lucratif. *Liberalitas est quod nullo cogente conceditur :* or, il n'en est point de même ici, le mariage imposant au mari l'obligation de laisser à sa veuve une certaine portion de biens. (Pothier. *Douaire art.* 2.) L'Eglise surtout, préoccupée de l'intérêt des faibles, éleva le Douaire conventionnel à la hauteur d'un principe et la juridiction ecclésiastique en fit un devoir. Beaumanoir, (*Douaire ch.* 13 nº 12) assigne au Douaire légal une date certaine : il le fait remonter à une ordonnance de Philippe-Auguste. Selon lui, c'est à ce prince que l'on serait redevable de l'établissement d'un Douaire coutumier. Nous pensons au contraire que l'ordonnance de Philippe-Auguste ne fit que consacrer et légaliser un usage invétéré. La fusion du Douaire conventionnel ou

Douaire coutumier s'est effectuée lentement, progressivement, et à l'époque de l'ordonnance, le Douaire légal avait déjà dans les mœurs de profondes racines (a).

Le Douaire, étant une conséquence du mariage, Pothier l'accorde aux veuves dont l'union valablement contractée produit les effets civils. Dans l'hypothèse du mariage putatif, la bonne foi donne à l'union contractée les effets civils, et la femme a droit à son Douaire, sans que les héritiers du mari puissent lui opposer la nullité du mariage.

Le Douaire ne porte pas indistinctement sur tous les biens du mari prédécédé : nous en déterminerons plus loin la quotité. Toutefois, certains biens échus au mari postérieurement à la célébration du mariage, sont frappés de Douaire : ce sont les biens qu'il acquiert de ses ascendants par voie de succession ; il est moins censé les *acquérir* que *continuer* sur eux un droit antérieur et préexistant.

En ce qui concerne la quotité, nous devons nous en tenir à la formule énoncée dans l'article 248 de la coutume de Paris, et reproduite par Pothier, dans son *Traité du Douaire*, p. 15 et 16. « Douaire coutumier est de la moitié des héritages que le mari tient et possède au jour des épousailles et bénédiction nuptiale, et de la moitié des héritages qui, depuis la consommation dudit mariage et pendant icelui, échéent et aviennent en ligne directe au dit mari. » Observons que le mot *héritages* comprend non-seulement les immeubles réels, mais tous les biens

(a) Nous avons emprunté cette solution à M. de Valroger, professeur à la faculté de droit de Paris. (Cours sur l'histoire du Droit).

réputés immeubles dans le droit coutumier, tels que les rentes, les offices, etc.....

Pourrait-on l'augmenter et le diminuer par des conventions spéciales? Ce point est sujet à controverses. Aucune coutume n'exigeant impérieusement le Douaire conventionnel, des auteurs valident la clause qui dispenserait d'en fournir un (*a*). Nous n'oserions aller jusque là : et nous pensons que l'association conjugale impose au mari l'obligation de pourvoir, par une juste sollicitude, aux destinées de celle qui fut sa compagne. Y a-t-il convention de Douaire, elle est obligatoire. Dans le cas contraire, la loi pourvoit elle-même aux intérêts de la veuve, et lui assigne sur la fortune du mari prédécédé, une certaine portion à titre de subsistance. Cette portion, c'est le Douaire coutumier, sanctionné par l'ordonnance de Philippe-Auguste. Mais ce qui souffre plus de difficulté, c'est l'admission d'un Douaire conventionnel, plus élevé que le taux légal. On atteste toutefois que cet usage fut toléré (*b*). Ce qui nous porterait à l'admettre aussi, c'est que le Douaire, ainsi que nous l'avons précédemment expliqué, n'est pas une véritable libéralité, bien qu'il présente en apparence tous les caractères d'un titre lucratif. Une jurisprudence constante y vit moins une donation que l'acquittement d'une dette naturelle : il en résulta que les règles concernant les *Légitimes* vinrent échouer contre le Douaire. (*Contrà.* art. 248 *de la coutume de Paris.*)

Au coucher femme gagne son Douaire : — Cette maxime

(*a*) M. de Valroger ; (conférences sur l'histoire du Droit:)
(*b*) De Valroger, *ibidem.*

pourrait nous porter à croire que la cohabitation était une des conditions essentielles à son acquisition. Nous pensons toutefois que la célébration du mariage suffisait à l'acquisition du Douaire, sans qu'il y eût cohabitation La maxime précitée s'est perpétuée, grâce à la transformation du *morgengab* en *Douaire* : on a modifié l'ancien *morgengab* et on a omis de modifier l'ancienne maxime. Une autre interprétation a été proposée. Il y a là, dit-on, un vieux souvenir du principe qui ne tient le mariage pour accompli, qu'autant qu'il est matériellement consommé.

Quel que soit son mode d'acquisition, il est constant que le Douaire est un de ces avantages auxquels on a donné le nom de *gains de survie*. Il est acquis à la femme survivante, en usufruit pour sa subsistance.

Fallait-il assimiler la *mort civile* du mari à la *mort naturelle ?* Sur ce point, les coutumes sont en divergence : celle de Melun décide l'affirmative ; elle est la seule qui s'explique formellement. Celle de Nevers dit au contraire que *douaire échet par la mort naturelle* (Pothier, *Douaire,* n° 155, p. 103). Dumoulin ne veut pas qu'on raisonne par analogie de la mort naturelle : *Intelligitur de naturali, non autem de civili.* Pothier ne semble pas bien convaincu par le raisonnement de Dumoulin : il préfère la solution contraire et la fonde sur l'ordonnance des *substitutions,* tit. 1er, art. 24. La mort civile donnant ouverture à la substitution, ne peut-on pas inférer, dit-il, qu'elle donne également ouverture au douaire ?

Fallait-il assimiler au prédécès la séparation de biens ? Même divergence dans les coutumes. Nous pensons toutefois que la séparation de biens ne conférait jamais à la

femme qui l'avait obtenue le droit d'exiger son douaire ;
nous nous fondons sur cette maxime de Loysel : *Jamais
mari ne paya douaire.*

Comment la femme était-elle saisie de son douaire ?
Certaines coutumes distinguent avec raison entre le
douaire coutumier et le douaire conventionnel. Dans le
premier cas, la femme est saisie de *plein droit* par le fait
seul de sa survivance : dans le second, elle est tenue d'a-
gir contre les héritiers du mari et de leur demander la
délivrance. La Coutume de Paris (art. 236) ne reproduit
pas cette distinction. « Douaire, soit coutumier, soit conventionnel, saisit, sans qu'il soit besoin de le demander
en jugement, et courent les fruits et arrérages du jour
du décès du mari. » (Pothier, nᵒˢ 158, 159, p. 106). Observons que la *saisine* de la douairière ne porte que sur
les héritages faisant partie de la succession. Le mari les
a-t-il aliénés de son vivant, le douaire n'en subsiste pas
moins, car la femme jouit d'une action réelle vis-à-vis des
tiers acquéreurs. Mais il faut, dit Pothier, qu'elle assigne
les tiers détenteurs, et obtienne contre eux une sentence
qui déclare sujets à douaire les susdits héritages, et les
condamne en conséquence à lui en laisser la *jouissance*
pour la part et portion qui lui appartient. Quant aux fruits,
la femme ne peut y prétendre que du jour de la demande,
dans l'hypothèse où les détenteurs sont de bonne foi.
(Nᵒ 163, p. 107.)

De sa nature le douaire est viager, puisqu'il est établi
pour servir de subsistance à la veuve : le droit de la douairière consiste dans la faculté de percevoir les fruits des
héritages et autres immeubles sujets à douaire. Cet usu-

fruit s'éteint par tous les modes d'extinction de l'usufruit ordinaire : il s'éteint par l'abus de jouissance, par l'inconduite notoire. *Femme noble ou roturière qui forfait en son mariage perd son douaire, s'il y a eu plainte portée par le mari en justice : autrement n'en pourra l'héritier faire querelle après la mort d'icelui.* (*Coutume de Tours*, art. 336). L'inconduite de la femme pendant sa viduité, surtout dans l'année de deuil, dit Pothier, est une des causes qui peuvent la priver de son douaire. Ce droit d'usufruit s'éteindrait-il par le convol de la femme ? Pothier résout cette question. En principe, une femme n'est pas privée de son douaire lorsqu'elle convole à un second mariage : néanmoins, on peut valablement convenir par contrat de mariage qu'elle le perdra dans ce cas, soit pour le tout, soit pour partie. Une clause du contrat de mariage, assez fréquemment usitée, enlevait à la veuve partie de son douaire, reversible aux enfants du premier mariage : les enfants entraient en jouissance le jour même du convol (Pothier, nᵒˢ 259, 264).

Le douaire est un titre universel : il donne à la femme survivante la jouissance de la *moitié* de l'universalité des héritages et autres biens immeubles, que le mari possède au jour des épousailles, etc. (art. 248 de la *Coutume de Paris*). Dès lors, la femme doit payer, concurremment avec les héritiers du mari, une portion correspondante des *interêts* dans les dettes *immobilières :* elle doit également-ment contribuer aux charges usufructuaires desdits héritages.

En principe, le droit de la veuve ne porte que sur les immeubles du mari prédécédé : toutefois Renusson et Pothier parlent d'un certain douaire *subsidiaire*, soumis à plusieurs conditions. Il faut d'abord qu'il n'y ait eu entre les parties aucune convention, car le douaire conventionnel exclut le douaire coutumier : il faut ensuite que le mari ne possède aucun héritage propre. « En traité de mariage auquel il n'y a convention de douaire et le mari n'a aucuns propres, la femme aura pour son douaire le quart des autres héritages et immeubles de la succession du mari, même des conquêts de la portion du décédé en usufruit : à l'égard desquels conquêts il y avait une plus grande raison de douter s'ils seraient assujettis à douaire, parce que la femme y a déjà part, à titre de communauté (n° 114). Et, s'il n'y a conquêts, aura la quarte partie des meubles, *à perpétuité* » (art. 221, *Coutume d'Orléans*).

Le douaire subsidiaire, ainsi que nous l'apprennent les termes mêmes de la coutume d'Orléans, porte sur les meubles : mais alors il change de nature, il n'est plus viager, il porte sur la propriété même des dits meubles.

Tels sont, en résumé, les principes qui régissent notre douaire coutumier, institution qui a vécu pendant des siècles, dont le nom est encore dans toutes les bouches, sans cependant que le droit moderne en ait reproduit même la dénomination. La pensée de la loi qui nous régit actuellement, c'est qu'il n'y a pas d'avantages de plein droit d'époux à époux. Le législateur s'en remet à la sollicitude, à la mutuelle affection des conjoints, pour combler cette lacune (a).

(a) L'ancien droit n'a point imaginé de *contre-douaire* au profit du mari survivant. C'est avec raison. L'homme en effet a mille moyens de subsistance, auxquels la femme ne peut recourir.

De l'augment de Dot.—Nous sommes amenés à présenter quelques observations sur une autre sorte de libéralité, connue sous le nom de *augmentum dotis*. C'était un gain de survie attribué à la femme, et consistant à prendre dans les biens du mari prédécédé une certaine part, variable suivant les coutumes. Cette part s'ajoutait à la *Dot* et venait en quelque sorte l'augmenter : de là, la dénomination d'*augment*. Cette institution présente la plus grande analogie avec le *Morgengab* et le *Douaire*, que nous avons développés plus haut.

L'*augment,* venant s'adjoindre à une dot, ne se conçoit pas sans elle : c'est donc un gain de survie, conféré exclusivement à la femme dotée. Par une juste réciprocité, l'usage introduisit le *contre-augment.* Il était loisible au mari de prendre sur les biens de la femme prédécédée une certaine portion en sus de la donation *propter nuptias ,* alors qu'il en opérait la reprise. L'*augment* et le *contre-augment* étaient soumis à la mutualité et à l'égalité, dont parle la Novelle 97 de Justinien. (Voir Merlin. *Verbo Augment de Dot.*) (a)

Du Don mutuel. — La donation mutuelle n'était point inconnue des Romains : elle figurait parmi les libéralités permises entre époux. Au lieu d'annuler les deux avan-

---

(a) Une certaine Novelle 53 cap. 6 fait mention d'une autre espèce de libéralité. Elle a pour titre : *De muliere inope indotatâ.*

Proptereà sancimus providentiam fieri etiam harum et in successione morientis et hujusmodi uxorem cùm filiis vocari. Et sicùt scripsimus legem volentem, si sine dote existentem uxorem vir dimiserit, quartam partem ejus substantiæ accipere eam.

C'est la *quarte* du conjoint pauvre.

tages réciproques, la loi 7 § 2 déclare qu'il s'établira entre eux une juste compensation, et que toute demande sera repoussée par l'exception de dol. Dans notre droit coutumier, le *don mutuel* se présente avec les caractères d'une institution générale, profondément enracinée dans les mœurs. Avant d'expliquer son origine, sa nature, son développement, nous croyons utile de faire une excursion historique dans nos pays de droit écrit et de coutume.

Le Droit Romain avait des racines trop profondes, pour ne pas survivre à la chute de l'Empire, et l'invasion barbare n'avait pu renverser cet antique monument, que des siècles avaient construit et respecté. Les pays du midi de la Gaule l'accueillirent avec empressement, son culte ne tarda pas à refleurir, et son influence balança celle des pays de coutume, jusqu'au jour où une législation plus uniforme vint opérer dans un même Code la fusion de ces deux grandes sources du Droit. Ce conflit entre le Nord et le Midi avait nécessairement introduit dans la science du Droit des divergences absolues, radicales. Le domaine du Droit Romain s'étendait jusqu'à la Loire : au delà, se faisait sentir la prépondérance des coutumes. Dans la première partie du territoire, la matière des Donations entre mari et femme était régie par les derniers principes du Droit Romain, par les constitutions des Empereurs et les Novelles de Justinien. Dans la seconde, des institutions nouvelles avaient été implantées par des peuples nouveaux : la législation était loin d'offrir cette uniformité et cet ensemble que nous remarquons dans le droit des peuples méridionaux. Pothier, qui a mis un peu de jour dans ce chaos, divise les coutumes en quatre classes.

La première classe comprend les coutumes qui défendent tous avantages directs ou indirects entre mari et femme, pendant le mariage, aussi bien par acte entre vifs que par acte de dernière volonté. Dans cette première catégorie, il cite les coutumes de *Paris* et d'*Orléans* et le plus grand nombre. Toutefois, il fait observer que la plupart d'entre elles avaient apporté une exception à cette défense : cette exception, c'était le *Don mutuel*, sous certaines conditions et dans des cas déterminés.

La seconde classe comprend les coutumes qui défendent toutes donations entre vifs pendant le mariage, (sauf le don mutuel) mais qui permettent les libéralités testamentaires. A cette division, Pothier appose deux subdivisions : nous nous dispenserons d'entrer dans le détail des sous-divisions. (Coutumes de *Chartres, Châteauneuf, Péronne, Mantes, Rheims, Amiens*).

Dans la troisième classe, il range les coutumes qui valident les libéralités soit entre-vifs, soit testamentaires, lorsque le conjoint est prédécédé sans les avoir révoquées, conformément aux principes introduits par le sénatus-consulte de Caracalla. (Cout. de *Touraine, Poitou*).

Les coutumes de la quatrième et dernière catégorie permettaient aux époux de se faire de véritables dons entre-vifs, irrévocables : mais avec certaines restrictions pour le cas où il y avait des enfants issus du mariage. (Coutumes d'*Angoumois, Montfort, Noyon*) (a).

(a) Pothier, *Traité des Donations,* art. 1, p. 299.

Ces observations nous amènent naturellement à parler du *don mutuel*, dont il est fait mention dans une foule de coutumes précitées.

Pothier le définit : un don entre-vifs, égal et réciproque, que deux conjoints par mariage se font mutuellement, (à défaut d'enfants de l'un et de l'autre et au cas de survie) de l'usufruit des biens de leur communauté, aux charges portées par les coutumes (*a*). Au premier abord, le don mutuel ne présente pas les caractères d'une libéralité, chacun des conjoints recevant de l'autre l'équivalent de ce qu'il donne. Le mari donne à sa femme l'*espérance* d'une part de communauté, reçoit en retour la même *espérance*, et le contrat est subordonné à la condition de survie. C'est donc un contrat aléatoire. Nonobstant ces raisons plus ou moins spécieuses, Pothier décide que le don mutuel renferme de véritables donations, moins pures, il est vrai, moins parfaites qu'une donation pure et simple. Il fonde cette solution sur l'intention des parties, sur l'*animus donandi* qui a présidé à l'acte.

Le don mutuel est un don entre-vifs : à ce titre, il est irrévocable. L'irrévocabilité, voilà sa première condition : l'égalité et la réciprocité, voilà les autres. « Peuvent et leur *loist* faire donation *mutuelle* l'un à l'autre. *également*. (*art*. 280, *Coutume de Paris*). L'égalité est requise à deux points de vue. 1° Eu égard à la qualité des choses respectivement données ; 2° Eu égard aux chances plus ou moins grandes de survie.

L'irrévocabilité dont il est ici question est cependant moins absolue que dans les donations de droit commun ;

(*a*) Pothier, *don mutuel*, chap. I, art. 1.

ainsi, le donateur conserve la faculté de disposer de ses meubles et conquêts immeubles, sans que ces dispositions ultérieures portent la moindre atteinte au don mutuel. Cette faculté n'est pas, à proprement parler, une dérogation à l'irrévocabilité. En effet, le don mutuel n'a un état fixe et déterminé qu'au décès. Qu'a donné l'époux? Une part des meubles et conquêts immeubles qui doivent lui échoir en communauté. Le donateur n'a pas entendu aliéner sa liberté; il dépend de lui de rendre cette part plus ou moins considérable soit par des acquisitions, soit par des aliénations nouvelles. La survivance de l'un ou de l'autre des conjoints étant d'ailleurs le point inconnu, il est évident que les dépréciations que subit la communauté les atteignent également.

L'irrévocabilité consiste donc en ce qu'il n'est plus au pouvoir d'un seul d'anéantir le don : pour l'invalider, la loi exige un mutuel dissentiment, conformément au grand principe des jurisconsultes romains : *Nihil tàm naturale est...* « Après l'insinuation, le dit don mutuel n'est révocable, sinon du consentement des deux conjoints. » (*Art.* 284, *Coutume de Paris*).

La définition de Pothier énumère les conditions essentielles à la validité du don mutuel. Il faut conjonction par mariage : le mariage est-il déclaré nul, *cessante causâ, cessat effectus.* Quelques coutumes exigent en outre que les époux soient en *santé*, au moment de la disposition. « Homme et femme, étant en *santé*, non malades de maladies dont ils seraient vraisemblablement décédés, peuvent, etc..., (*Coutume de Rheims, art.* 234; *Coutume de Paris, art.* 280.) Il faut que ni l'un ni l'autre n'ait des enfants : sur ce point, controverse. L'absence d'enfants est-elle requise lors de la disposition, ou lors du décès du prémourant? Dumoulin était d'avis qu'il suffisait qu'il n'y eût aucun enfant lors du décès du prémourant. C'est la faveur des enfants, dit-il, qui a fait interdire le don mutuel : par conséquent, s'il n'en existe pas, l'interdiction est levée. Pothier se range à l'avis de Dumoulin. (Poth. n° 156).

Les conjoints ne peuvent se donner, sous forme de don mutuel, que les biens meubles et les immeubles conquêts de la communauté, pour la part qui leur écherra : .quant à leurs biens propres, ils sont exclus de la libéralité. Ainsi que toute disposition entre-vifs, le don mutuel est passé devant un tabellion : il est soumis à insinuation dans les *quatre* mois du jour du contract. (*Art.* 284 *de la coutume de Paris*). C'est au survivant que le don est attribué : mais, faut-il assimiler la mort civile à la mort naturelle? Pothier nous signale à ce sujet les variations de la jurisprudence; elle avait fini par admettre que la mort civile de l'un des conjoints donne ouverture à ce gain de survie, au profit de l'époux innocent. (*Argument de l'art.* 24 *de l'ordonn. sur les substitutions*)

Le donataire mutuel ne jouissait pas, relativement à la saisine, de droits aussi étendus que ceux de la douairière. « Douaire coutumier de soi saisit : don mutuel de soi ne saisit, *ains* est sujet à délivrance. » (*Art.* 284 *coutume de Paris*). « Donataire mutuel ne gagne les fruits que du jour où il a présenté caution suffisante, et demeurent les fruits à l'héritier, jusqu'à la dite caution présentée. » (*Art.* 285 *ibid.*) Dans certaines coutumes, celle du *Bour-*

bonnais entre autres, la saisine du survivant a lieu de plein droit, (*art.* 227) mais cette saisine est exceptionnelle, et il faut s'en tenir aux termes généraux de la coutume de Paris qui exige la demande en délivrance et la caution.

Ainsi que le Douaire et en général tous les gains de survie, le don mutuel est viager de sa nature. Inutile de répéter ici ce que nous avons développé plus haut en ce qui concerne l'usufruit de la douairière.

Le survivant recueillant une quote part, le don mutuel est un titre universel. Voici comment s'exprime la coutume de Paris, relativement aux charges qui en sont la conséquence : « le donataire mutuel est tenu d'avancer et payer les obsèques et funérailles du premier décédé, ensemble la part et moitié des dettes communes dues par le dit prédécédé : lesquelles obsèques et funérailles et moitié des dettes lui doivent être déduites sur la part et portion dudit prédécédé : toutefois, n'est tenu de payer les legs et autres dispositions testamentaires. » — (art. 286.) Les obsèques et frais mortuaires ne sont pas une charge commune, mais une charge de la succession du prédécédé ; le survivant recueille cette part, il est donc tenu de les acquitter avec les biens recueillis. *Ensemble et moitié des dettes communes dues par ledit prédécédé :* La coutume parle bien entendu, des dettes qui entrent en communauté, des dettes *mobilières.* En disant *part et moitié,* elle statue *de eo quod plerùmque fit :* elle raisonne dans l'hypothèse où chacun des conjoints a moitié dans la masse partageable.

La jouissance du survivant s'éteint par tous les modes

d'extinction que nous avons mentionnés en traitant du
Douaire. Les coutumes sont d'accord pour maintenir le
don mutuel, nonobstant le convol du donataire ; mais une
clause insérée au contrat de mariage, dans la prévision
du convol, en amènerait l'extinction.

DISPONIBLE ENTRE ÉPOUX

Edit des secondes noces.

Cet édit, devenu célèbre dans l'histoire du Droit sous
le nom d'*Edit des secondes noces*, remonte à l'an 1560 :
il fut rendu par François II, sous l'inspiration du chance-
lier l'Hôpital. On y trouve la reproduction exacte des
constitutions *Feminæ quæ*, *Generaliter* et *Hâc edictali* qui,
depuis plusieurs siècles, régissaient les pays de droit
écrit. Nous en reproduisons le texte :

« François, par la grâce de Dieu, roi de France, à tous
présents et à venir, salut :

» Comme les femmes veuves, ayant enfants, sont souvent invitées et sollicitées à nouvelles noces, et ne recon-
naissent pas être recherchées plus pour leurs biens que pour
leurs personnes, elles abandonnent leurs biens à leurs
nouveaux maris, et, sous prétexte et en faveur du mariage, leur font des donations immenses, mettant en ou-
bli le devoir de nature envers leurs enfants, de l'amour
desquels tant s'en faut qu'elles se dussent éloigner par
la mort des pères, que les voyant destitués de secours et

aide de leurs pères, elles devraient par tous moyens s'exercer à leur faire le double office de père et de mère. Desquelles donations, outre les querelles et divisions d'entre les mères et enfants, s'ensuit la désolation des bonnes familles, et conséquemment la diminution de la force de l'Etat public. A quoi les anciens empereurs, zélateurs de la police, repos et tranquillité de leurs sujets, ont voulu pourvoir par plusieurs bonnes lois et constitutions sur ce par eux faites. Et nous, par la même considération et eu égard à l'infirmité du sexe, avons loué et approuvé telles lois et constitutions, et ce faisant, avons dit, déclaré, statué et ordonné, disons, déclarons, statuons et ordonnons :

1er CHEF.

» Que les femmes veuves, ayant enfants ou enfants de leurs enfants, si elles passent à nouvelles noces, ne peuvent et ne pourront, en quelque façon que ce soit, donner de leurs biens meubles, acquêts, ou acquis par elles d'ailleurs que leur premier mari, ni moins de leurs propres à leurs nouveaux maris, père, mère ou enfants desdits maris ou autres personnes qu'on puisse supposer être par dol ou fraude interposées, plus qu'à un de leurs enfants ou enfants de leurs enfants. Et, s'il se trouve division inégale de leurs biens faite entre leurs enfants ou enfants de leurs enfants, les donations par elles faites à leurs nouveaux maris seront réduites et mesurées à raison de celui des enfants qui en aura le moins. »

2ᵉ CHEF.

» Et au regard des biens à icelles veuves acquis par
dons et libéralités de leurs défunts maris, icelles n'en
peuvent et n'en pourront faire part à leurs nouveaux
maris; ains elles seront tenues les réserver aux enfants
communs d'entre elles et leurs maris, de la libéralité
desquels iceux biens leur seront advenus. Le semblable
voulons être gardé ès biens qui sont venus aux maris par
dons et libéralités de leurs défuntes femmes : tellement
qu'ils n'en pourront faire don à leurs secondes femmes,
mais seront tenus les réserver aux enfants qu'ils ont eus
de leurs premières.

Toutefois, n'entendons pas ce présent nôtre édit, bailler
aux dites femmes plus de pouvoir et liberté de donner et
disposer de leurs biens, qu'il ne leur est loisible par les
coutumes des pays, auxquelles coutumes par ces pré-
sentes n'est dérogé, en tant qu'elles restreignent plus ou
autant la libéralité des dites femmes.

» Si donnons en mandement,....... Donné à Fontaine-
bleau, au mois de juillet 1560 et registré au Parlement
le 5 jour d'août en suivant. » — (Ricard, tome 1ᵉʳ p. 730,
nº 1182).

Le premier chef de l'Edit, ainsi qu'on a pu le remar-
quer, ne parle que des femmes veuves; mais une jurisprudence constante ne tarda pas à combler cette lacune,
et décida que l'Edit s'appliquait aussi bien aux veufs
qu'aux veuves (Ricard, tome 1ᵉʳ p. 730, 731, nº 1183).

DROIT INTERMÉDIAIRE.

La législation intermédiaire devait apporter à l'état
de choses préexistant de graves modifications ; on sait
de quel cachet tyrannique sont empreintes les lois de
cette époque. La loi du 17 Nivôse an II, violant les règles
les plus élémentaires du droit et de l'équité, annula, par
une rétroactivité fatale, toutes donations entre-vifs faites
contrairement à ses termes depuis le 14 juillet 1789. Le
plus bel attribut du droit de propriété, la faculté de disposer fut renfermée dans d'étroites limites. Un père ne put
avantager en rien l'un de ses successibles : ainsi privée
du droit de récompenser et de punir, la puissance paternelle perdit en partie son prestige et sa considération. La
quotité disponible fut réduite à un 10me, si le disposant
laissait des ascendants ou descendants, et au 6me, s'il
laissait des collatéraux. Pour être conséquente avec elle-
même, la loi de Nivôse devait montrer la même hostilité
à l'égard des dispositions entre époux. Singulière anomalie ! elle créa pour les époux un droit privilégié. Les
dispositions entre mari et femme échappèrent à cette
rétroactivité inique qui atteignit toutes autres donations
postérieures à la prise de la Bastille. Première faveur, qui
atteste que cette rétroactivité, pour frapper des droits
légitimes, avait besoin de s'appuyer sur le privilége et
de se retrancher dans l'arbitraire ! Les époux purent en
outre, au cas où ils ne laisseraient pas d'enfants, se
donner *irrévocablement tous* leurs biens, en *pleine propriété*, quelles qu'en fussent et la *nature* et *l'origine*.

Seconde faveur, qui crée un disponible exorbitant au profit de ceux-là même qui étaient autrefois sous le coup des plus sévères prohibitions! Y avait-il des enfants? Ici, la loi de Nivôse dut nécessairement restreindre sa quotité : les époux, dans l'hypothèse, ne purent se donner que *l'usufruit* de la moitié de leurs biens. Quant aux ascendants et aux collatéraux, leur présence ne gênait en rien la liberté des dispositions entre conjoints, attendu que la réduction était exclusivement accordée aux enfants issus du mariage. (*art.* 13 et 14 *de la loi de Nivôse. Chabot de l'Allier*). Dès lors, on vit s'éteindre et mourir toutes ces institutions du droit coutumier, sur lesquelles des siècles avaient passé. Le Douaire, l'augment, le contre-augment, le don mutuel, cessant d'avoir un intérêt pratique en présence d'une législation extensive, tombèrent sous le coup de la loi de Nivôse.

Chabot, commentant la matière qui nous occupe, se pose la question suivante : la loi de Nivôse, qui passe sous silence l'hypothèse du convol, a-t-elle abrogé l'Edit de 1560? Il résout la question au moyen d'une distinction. Nous pensons, dit-il, qu'elle a abrogé le premier chef, sans abroger le second. Ainsi l'a décidé la Cour de cassation : il résulte de sa décision 1° que la loi du 17 Nivôse an II abroge l'Edit des secondes noces au premier chef, c'est-à-dire quant à la fixation de la portion de biens que pouvait donner à son nouvel époux l'homme ou la femme qui avait déjà des enfants ou descendants issus d'un précédent mariage; 2° qu'en conséquence, les dons faits sous l'empire de la loi de Nivôse, par un époux qui passait à de secondes noces, ayant des enfants d'un précédent mariage, n'ont pas dû être réduits à une simple portion d'enfant le moins prenant, ainsi que l'avait ordonné le 1er chef de l'Edit, mais bien à la quotité d'usufruit déterminée par l'art. 13 de la loi du 17 Nivôse (a).

En ce qui concerne le second chef, continue Chabot, la Cour de cassation n'a pas entendu annihiler l'Edit de 1560. Chabot en trouve la preuve dans un arrêt de la Cour suprême, à la date du 2 mai 1808. Les dispositions entre époux, faites sous la loi de Nivôse, resteraient donc soumises, comme celles qui sont antérieures, à la prohibition et à la réserve édictées par les constitutions *Feminæque, Generaliter,* et reproduites par le second chef de l'Edit.

(a) Chabot de l'Allier, *Questions transitoires,* V° *Secondes noces,* p. 155 et suiv. Arrêt de cassation de 1793. Procès des héritiers Moreau contre la veuve Moreau.

CHAPITRE QUATRIÈME.

CODE NAPOLÉON. (Art. 1091 à 1100.)

———

Nous ne saurions mieux faire que d'adopter ici la distinction fondamentale consacrée par le Code Napoléon. S'attachant au fait principal qui place les avantages entre époux dans une catégorie à part, le Code édicte des dispositions d'une nature toute différente, selon que les libéralités précèdent ou suivent le mariage. Les deux périodes sont nettement séparées, les règles qui régissent chacune d'elles sont distinctes : le mariage des époux, voilà en principe la ligne de démarcation !

Toutefois, il ne faut pas conclure de ce qui précède que la distinction soit exactement la même que celle des jurisconsultes romains. Dans notre chapitre premier, nous avons établi la division romaine : nous avons montré que les Donations entre Epoux avaient été rangées en deux classes : *donations avant mariage, donations pendant le mariage.* Le point de départ des rédacteurs n'a pas été exactement le même : pour eux, le point de départ, c'est le *contrat de mariage,* et leur méthode est facile à justifier. A Rome, l'*instrumentum* qui accompagnait ordinairement les justes noces, était loin de correspondre d'une manière directe à notre contrat de mariage : l'*instrumentum* disparaissait devant le fait de la célébration du mariage, qui était le fait principal. De là, deux sortes de donations ; celles qui précèdent et celles qui suivent la *célébration*. Chez nous au contraire, le contrat de mariage a paru au législateur d'une importance capitale. Il est solennel, il est obligatoire, au point que la loi établit elle-même le contrat des époux qui ont omis de le rédiger. (art. 1400.) Cet acte qui règle les conventions matrimoniales a paru, dis-je, assez important, assez capital par lui-même, pour servir de base à la distinction qu'on voulait introduire.

Cette courte digression explique et justifie la division du Code Napoléon. Il y aura donc deux catégories de donations : 1° Celles qui seront insérées dans le contrat de mariage ; 2° Celles qui seront postérieures à la célébration. En dehors du contrat, dans la période qui précède sa rédaction, les futurs sont deux étrangers : aucun lien ne les unit encore, aucune contrainte ne compromet leur mutuelle indépendance. Les libéralités que l'un fait à l'autre demeurent soumises au régime de droit commun, sans participer à cette législation exceptionnelle qui régit les avantages entre époux. Je dirai plus : la circonstance qu'elles ont été faites en vue d'une union probable ne suffit pas pour les faire entrer dans le domaine privilégié dont il est ici question. Elles sont et demeurent des donations de droit commun. La seule restriction que nous devions faire est celle-ci : si les futurs ont eu *principalement* en vue la célébration du mariage, leur donation sera soumise à la condition suspensive *si nuptiæ sequantur*. Il y aura donation conditionnelle et l'on appliquera les principes généraux en matière de conditions.

Donations par contrat de mariage.

Le Code reproduit dans le chapitre ix les quatre espèces de donations contractuelles dont il a parlé dans le chapitre viii. Nous aurons donc à les traiter séparément : nous verrons en même temps quelles dérogations la faveur du mariage a fait apporter aux principes ordinaires et quelles sont les règles de droit commun qu'on a laissé subsister.

Art. 1091. « Les époux pourront par contrat de mariage se faire réciproquement, ou l'un des deux à l'autre, telle donation qu'ils jugeront à propos, sous les modifications ci-après exprimées ».

Cet article offre aux futurs époux toute la latitude désirable : leur générosité peut se traduire sous toutes les formes. Il est facile de voir de quel privilége jouissent les contrats de mariage. C'est à la faveur de ces traités solennels que la loi déroge à ses prescriptions et qu'elle crée une législation toute d'exception. Ces libéralités sont soumises à la condition tacite *si nuptiæ sequantur* (1088) elles seront valables, bien que faites sous des clauses potestatives (1086) ; elles seront dispensées d'acceptation expresse (1087) ; elles comprendront des biens à venir (1093) ; elles seront valablement faites par un mineur assisté des personnes dont le consentement est requis pour la validité de son mariage (1095) ; il y aura une quotité disponible exceptionnelle (1094) et la survenance d'enfants n'annulera pas la donation (1096). Cette dernière disposition nous semble superflue : il est évident que le mariage ayant pour but la procréation des enfants, la loi ne doit pas s'opposer à cette procréation, en annulant pour ce motif les libéralités que les époux se sont faites antérieurement. C'eût été d'ailleurs faciliter les honteux calculs de l'intérêt et encourager l'époux donataire à ne point avoir d'enfants. Enfin, l'ingratitude de l'époux gratifié n'invalidera pas la disposition (959). L'intérêt des enfants a fait admettre cette exception au droit commun : la loi n'a pas voulu que la faute d'un parent coupable pût réagir contre une postérité innocente (a).

Telles sont les dérogations les plus importantes. Les autres prescriptions concernant le rapport, la réduction la quotité disponible, l'inexécution des conditions, subsistent et sont applicables dans leur plénitude. La transcription est requise pour les immeubles, l'état estimatif pour les meubles. Bien entendu, l'action Paulienne produit ses effets, conformément au grand principe de droit qui sacrifie les donataires même privilégiés à la masse

---

(a) Cette solution a été contestée par beaucoup d'auteurs qui s'appuient sur le même art. 959 et soutiennent que la donation est parfaitement révocable pour cause d'ingratitude. En lisant attentivement l'art. 959, disent-ils, il est facile de voir que ces mots *donations en faveur du mariage* comprennent uniquement les donations faites *aux* futurs époux par *des tiers* dans le contrat de mariage. D'ailleurs, il est inexact de dire que la faute de l'époux coupable réagisse contre les enfants, puisqu'ils retrouvent dans une succession ce qu'ils perdent dans l'autre.

Nous traiterons sous l'art. 1096 la question de savoir si la séparation de corps est une cause de révocation, au profit de l'époux qui l'obtient. Nous verrons également si la survenance d'un enfant issu d'un second mariage n'invalide pas les dispositions entre époux, nonobstant les termes généraux de l'art. 1096 *in fine*.

des créanciers. Le contrat de mariage ne doit pas être entre les mains des époux un instrument de fraude, et l'équité demande impérieusement qu'un débiteur déloyal ne puisse se livrer, avec un argent qui n'est pas le sien, aux élans d'une générosité sans limites. Dans un cas spécialement prévu par la loi commerciale, la latitude de l'art. 1091 reçoit encore une restriction considérable. La femme qui a épousé un commerçant ne peut exercer dans la faillite de son époux aucune action à raison des avantages portés au contrat (art. 564 C. Commerce). La loi déchire le contrat, et proclame, par sa juste sévérité, l'étroite solidarité de malheur qu'elle veut voir régner entre époux.

Ces observations nous ont paru nécessaires, bien qu'un peu diffuses : elles nous permettent d'arriver, sans omission grave, au développement de chacune des donations contractuelles autorisées par le Code.

Donation de biens présents.

Art. 1092. « Toute donation entre-vifs de biens présents, faite entre époux par contrat de mariage, ne sera point censée faite sous la condition de survie du donataire, si cette condition n'est formellement exprimée : et elle sera soumise à toutes les règles et formes ci-dessus prescrites pour ces sortes de donations. »

La donation de biens présents est soumise à toutes les règles de droit commun : elle transmet au donataire un droit actuel et irrévocable. Dès lors, qu'était-il besoin de nous dire qu'elle n'est point censée faite sous la condition

de survie du donataire ? L'article s'explique historique-
ment. C'était dans l'ancien droit une question controver-
sée de savoir si la survie du donataire ne devait pas être
sous-entendue. Des auteurs voulaient qu'elle le fût ; dans
ces sortes de donations, disaient-ils, c'est à la personne
même du gratifié que la considération s'attache (Furgole,
Donations, Question 49). D'autres, et nous citons parmi
eux Dumoulin et Ricard, voulant assurer à la donation de
biens présents des effets pleins et entiers, la considéraient
comme donation pure et simple, à moins d'une stipulation expresse. Le Code a consacré la doctrine de Dumoulin et de Ricard. La condition de survie doit être
formellement exprimée ; sans cette précaution, la libéralité se transmettra du donataire, décédé sans enfants, à des collatéraux peut-être fort éloignés. Toutefois,
la doctrine et la jurisprudence sont unanimes pour décider qu'une volonté, nettement manifestée par des actes,
tient lieu d'une stipulation exprimée en termes sacramen-
tels. (Arrêt de Metz, 22 mai 1817.) Ainsi que toute condition, la condition de survie peut être soit suspensive,
soit résolutoire : et il importe de distinguer les deux hypothèses. Au premier cas, le donateur, conformément
aux principes généraux, conserve la propriété jusqu'au
décès. Dans le second, la propriété est transmise au donataire, et devient irrévocable s'il survit. Supposons dès
lors que les époux ont péri dans un même événement :
appliquerons-nous les présomptions légales de l'art. 720 ?
Non : ces présomptions ont été exclusivement édictées
pour les successions *ab intestat*, et nous ne devons pas
leur donner une extension arbitraire. Si donc le donateur

est resté propriétaire, et que personne ne puisse donner de son prédécès une preuve certaine, ses héritiers conserveront les biens compris dans la donation conditionnelle, attendu que rien n'atteste la survie du donataire. Si, au contraire, la propriété appartenait déjà au donataire, bien que résoluble entre ses mains, ses héritiers la conserveront pour les motifs que nous venons de donner.

Une donation qui comprendrait des objets dont l'acquisition est éventuelle, n'en serait pas moins une donation de biens présents. Un droit, pour être *actuel*, n'a pas besoin d'être *actuellement* susceptible d'exercice : et je puis parfaitement faire don à mon conjoint des fruits de ma récolte, bien qu'un événement ultérieur et imprévu puisse la détruire en entier. Ce que je donne actuellement, c'est l'*alea*, l'éventualité.

Faite sous des clauses potestatives, une pareille libéralité sortirait de la classe des donations de biens présents, pour entrer dans celle des donations sous conditions potestatives, dont il sera subséquemment traité.

Nous n'insistons pas sur cette première espèce de donation contractuelle : elle affecte d'ailleurs toutes les formes de droit commun.

Donation de biens à venir.

Nous devons, pour être complets, donner quelques développements sur cette institution toute française, si célèbre dans le droit coutumier sous le nom d'*Institution contractuelle*. Et d'abord quelle est sa nature? Son origine? quels effets produit-elle? — « Faire à la fois un con-

trat et un testament! le droit romain n'admettait pas ce
mélange d'idées contradictoires. »

C'est ainsi que s'exprime Merlin (*Répertoire.* V° *Insti-*
tut: contract. § 2) et après avoir émis sa pensée sur cette
institution d'une nature mixte, le jurisconsulte en donne
la définition. C'est, dit-il, une obligation que contracte
l'instituant envers l'institué de lui laisser, à titre d'héritier, tous les biens qui lui resteront au jour de sa mort :
c'est-à-dire un *testament irrévocable,* qui peut comprendre tous les biens du testateur. En un mot, l'institué a le
droit d'être l'héritier de l'instituant; mais ce droit, suivant l'expression de Ricard, *regarde la mort :* il ne produit aucun effet actuel et présent, et ne s'ouvre qu'au
décès de l'auteur de l'institution. (*Questions de Droit.* V.
Inst. contract. § 2) L'institution contractuelle participe
de la donation à cause de mort et de la donation entre-
vifs : ceux qui prétendent qu'elle n'est autre que la
donation à cause de mort, disent que l'instituant ne se
dépouille pas de son vivant. Il ne donne rien actuellement;
il se préfère lui-même à l'institué, tout en préférant
l'institué à ses propres héritiers. Ne sont-ce pas là les
caractères de la donation à cause de mort?

L'opinion contraire soutient avec raison, qu'elle est
avant tout un contrat, qu'elle est irrévocable. Il faut s'en
tenir à cette opinion qui est celle de Lebrun. « Les institutions contratuelles sont des donations entre-vifs, non-
seulement parce qu'elles ne peuvent être faites que dans
des contrats de mariage, mais principalement à cause
qu'elles sont irrévocables, en tant que celui qui a fait une
institution ne peut en faire une seconde, ni déroger à

l'institution par des actes qui n'aient leur effet qu'après sa mort. Or, c'est une maxime qu'un acte qui participe de deux diverses natures doit être réputé de celle dont il tient le plus : et on décide cela dans le droit commun, comme on dit dans la nature que celui qui a deux sexes doit suivre celui des deux qui prévaut chez lui. Or, il est certain que l'institution contractuelle se rapproche beaucoup plus de la donation entre-vifs que du testament, à cause de son irrévocabilité (a). (Lebrun, *Successions*, liv. III, chap. ii, n° 7).

Son origine a été aussi contestée que sa nature. Certains auteurs, jaloux de trouver dans le droit romain le germe de toutes nos institutions, prétendent que certaines lois en font mention (5 *Code de Pactis dotalibus*. 15 c. *de Pactis*. 19 *ibidem*.). Nous croyons cette assertion hasardée, et nous aimons mieux chercher dans notre ancien droit l'origine de la donation de biens à venir. Lebrun nous apprend à cet égard « que les Parlements de Droit écrit, considérant l'avantage que l'on retirait de ces sortes de donations, les ont admises *contre les termes* de la loi. En sorte que n'y ayant que quelque coutume solitaire qui les rejette, il est vrai de dire qu'elles sont un droit commun en ce royaume. » (*Successions*, loco citato. n° 5.) Ce passage nous permet de penser que le droit romain, quelles que soient la variété et l'étendue des matières qu'il embrasse, n'a point connu l'institution dont nous parlons. D'une part, si les Parlements de droit écrit l'ont admises, j'en conclus qu'elle n'existait pas dans la

_____

(a) Actuellement, le doute n'est plus possible en présence de l'art. 893.

législation romaine : attendu que ces Parlements l'eussent appliquée, comme ils ont appliqué tous autres principes émanant du droit romain. D'autre part, si ces Parlements l'ont admise *contre les termes* de la loi, on peut, à la rigueur, en induire que l'institution contractuelle avait provoqué quelques essais, quelques dispositions, et que le tout était demeuré à l'état de tentative. Et d'ailleurs, si l'on recherche la cause de cette lacune dans le droit des Romains, on comprendra que l'institution contractuelle ne devait pas trouver place chez un peuple où le plus obscur des citoyens tenait à honneur de mourir avec un testament ! Elle eût porté atteinte à la disponibilité des biens, en privant un homme du droit d'en régler la dévolution dans les tablettes de son testament.

Passons à ses effets. « L'institution contractuelle fait un véritable héritier *ab intestat*, lequel, s'il néglige de renoncer ou faire inventaire, est tenu *ultrà vires*. Ainsi, c'est une donation entre-vifs, qui se termine par une succession *ab intestat*. Il faut entrer dans l'esprit des contractants et ne pas s'en éloigner par de simples raisons d'inconvénient. Or l'intention principale de celui qui fait une institution contractuelle, c'est d'assurer sa succession à celui qu'il institue et de faire un testament irrévocable, s'il faut ainsi dire. Cette institution ne doit pas toutefois lui lier entièrement les mains, ni l'empêcher de contracter de bonne foi et d'exercer même quelques libéralités pendant sa vie et de faire quelques petits legs, pourvu que ce soit à titre particulier et sans fraude. Il suffit en ce cas à l'instituant de conserver sa succession à l'institué » (Lebrun. Nos 7 et 18.)

Tels sont les effets de l'institution contractuelle : l'institué est véritablement un héritier *ab intestat*, tenu *ultrà vires*, s'il néglige le bénéfice d'inventaire : cette obligation indéfinie de payer les dettes est en effet attachée au titre d'héritier, qui produit une représentation absolue de la personne du défunt. Nous croyons qu'il jouit de la *saisine* des héritiers : ou, tout au moins, si on le considère simplement comme un légataire universel institué dans un contrat de mariage, doit-on lui appliquer l'art. 1006 et lui conférer la *saisine*, en l'absence de réservataires. Il est lui-même une espèce de réservataire, en ce sens que le disposant ne peut lui préférer personne.

Avant d'appliquer aux époux les principes de l'institution contractuelle, il est utile de faire connaître quels sont, sous le Code Napoléon, les droits de celui qui a fait une semblable disposition. Article 1083 : « La donation sera irrévocable, en ce sens seulement que le donateur ne pourra plus disposer à titre gratuit des objets compris dans la donation, si ce n'est pour sommes modiques, à titre de récompense ou autrement. » L'instituant conserve la propriété, il peut disposer de ses biens à titre onéreux, les vendre, les hypothéquer, les donner à échange. La loi lui interdit toute disposition gratuite, si elle n'est modique, rémunératoire etc... Les libéralités qu'il déguiserait sous la forme d'un contrat onéreux, pourraient être annulées après sa mort, s'il ne restait pas de biens suffisants pour former la quotité donnée par contrat de mariage (Toullier. N° 835.) L'instituant peut-il aliéner à fonds perdu, moyennant la prestation d'un usufruit ou d'une rente viagère? Nous le pensons. La rente viagère, l'usufruit ainsi acquis renferment un titre onéreux, et ce n'est pas donner ses biens que les aliéner à fonds perdu. Si cependant il résultait clairement du contrat, que la disposition n'a été faite qu'au détriment de l'institué et que le prix de la rente servie est nul ou à peu près nul, l'aliénation devrait être infirmée. L'instituant a d'ailleurs toute liberté en ce qui concerne la gestion de sa fortune : il peut la faire servir à ses besoins, à ses plaisirs, il peut même la dissiper dans de folles prodigalités. En effet, il a promis une seule chose, c'est de donner ce qui resterait à son décès. — Le disposant pourrait-il s'interdire même l'aliénation à titre onéreux? Oui, dit-on, et la donation sera irrévocable et produira tous les effets d'une donation de biens présents. Nous ne partageons pas cet avis : nous sommes ici dans la matière des institutions contractuelles, et du moment que le disposant s'interdit toute aliénation à titre onéreux, il n'y a plus institution contractuelle. L'instituant peut encore se réserver le droit de disposer de telle somme ou tel effet : cette clause est valable. Mais, s'il meurt sans avoir disposé, les effets ou les sommes font partie de l'institution contractuelle (art. 1086. 946.) Tels sont en résumé les droits de l'instituant : passons à ceux de l'institué. Jusqu'au décès du donateur, l'institué n'a qu'une espérance, non transmissible : aucun droit n'est encore formé, car on ignore si la condition de survie se réalisera. « N'ayant donc, pendant la vie du donateur, qu'une simple espérance de succéder aux biens compris dans la donation, il ne peut pas plus les hypothéquer ou autrement en disposer qu'un habile à succéder ne peut, pendant la vie de son parent, hypothéquer ou aliéner les biens de la succession future qu'il a l'espoir de recueillir un jour » (Toullier n° 838. L'opinion contraire argumente de l'art. 2125.) Peut-il céder son droit? Je ne le pense pas. D'abord, cette faculté renfermerait un pacte sous succession future : elle serait en outre incompatible avec les intentions de l'instituant qui a pris en considération la personne même qu'il a gratifiée. S'il s'agissait d'institutions contractuelles faites par des tiers aux futurs époux, on pourrait produire encore pour la négative un argument tiré de l'intérêt des enfants. En effet, la cession compromettrait gravement l'avenir des enfants qui sont de véritables substitués vulgaires (art. 1082.) Mais nous parlons ici d'institutions contractuelles faites d'époux à époux, et l'argument n'a pas de valeur. Pourquoi? L'art. 1093 nous l'apprend : c'est que dans l'institution faite d'époux à époux, les enfants de l'institué ne sont pas vulgairement substitués à leurs parents.

Le donataire vient-il à mourir, il ne transmet rien. Cette disposition peut au premier aspect paraître rigoureuse : en fait, elle n'est que juste. Ces enfants n'ont aucun besoin de la substitution vulgaire : ne retrouvent-ils pas dans une succession ce qu'ils perdent dans l'autre? Cette raison suffirait, mais elle n'est pas la seule. Qu'a voulu le législateur, en édictant l'article 1093? Il a voulu maintenir les enfants dans la dépendance et le devoir, et n'eût pas atteint son but, s'il eût conservé le bénéfice de la substitution vulgaire.

Appliquant aux époux le mécanisme de cette institution, nous dirons qu'ils peuvent dans leur contrat de mariage s'instituer contractuellement, et se faire don par exemple des acquêts qui feront plus tard partie de leur communauté. Nous ne reviendrons pas sur l'importante dérogation que l'article 1093 a apportée à l'article 1082. Observons toutefois qu'on s'est demandé à ce propos si la prohibition de l'article 1093 était absolue, et si une stipulation expresse ne pouvait restituer aux enfants de l'époux institué le bénéfice de la substitution. A notre sens, la pensée du législateur est claire et positive ; les motifs qu'il produit démontrent avec une force invincible qu'il s'oppose à une semblable stipulation. Que veut il à tout prix ? Il veut maintenir les enfants. C'est donc contrarier cette volonté que les appeler à l'institution, en l'absence du donataire prédécédé. C'est leur laisser prématurément la jouissance d'une fortune que le législateur craint de confier à leur inexpérience. « Il est d'un mauvais calcul pour la puissance paternelle de se dépouiller par avance : c'est se ravir un droit domestique utile à la famille, c'est se lier les mains pour l'avenir, et s'interdire aveuglément toutes combinaisons propres à maintenir l'ordre et la discipline entre les enfants » (Troplong. *Donations*, art. 1093).

Donation cumulative de biens présents et à venir.

La donation de biens présents, tout en favorisant le mariage, a l'immense inconvénient de dépouiller le donateur. La donation de biens à venir, plus favorable au donateur, présente un inconvénient non moins grave : elle facilite jusqu'à un certain point l'union conjugale, mais ne la facilite pas d'une manière assez directe, assez

énergique, puisque l'époux institué ne doit jouir des
biens donnés que dans un avenir peut-être fort éloigné.
Le législateur devait donc chercher un moyen terme, et
c'est à cet effet qu'il a introduit la donation cumulative
dont est question (art. 1084, 1085.).

Deux hypothèses sont possibles : 1° Le donateur n'a
pas dissipé sa fortune, il l'a fait fructifier. Le donataire
accepte alors et les biens présents et les biens à venir,
et la donation *devient* une institution contractuelle : son
acceptation porte en effet sur le patrimoine existant lors
du décès, et toutes les règles de la donation de biens à
venir sont appliquées ; 2° Le donateur a dissipé sa fortune ; il l'a compromise soit dans de faux calculs, soit
dans de vaines prodigalités. Le donataire restreint alors
son acceptation : il se contente des biens existant lors du
contrat et la donation présente tous les caractères d'une
donation de biens présents. Les actes faits par le disposant
ne lui sont point opposables, il n'est tenu de payer que
les dettes antérieures à la disposition. Si au contraire
l'acceptation portait et sur les biens présents et sur les
biens à venir, l'on suivrait les règles relatives à l'institution contractuelle, et le donataire serait tenu d'acquitter
les charges en totalité. L'option dont nous venons de
parler est soumise à une condition : la loi veut qu'il soit
annexé à la disposition un état des dettes existant au moment où elle est faite. En l'absence de cet état des charges,
la donation n'est plus qu'une donation de biens à venir :
le donataire ne peut scinder la disposition ; son acceptation ou sa répudiation porte sur la totalité.

L'utilité de la donation cumulative nous apparaît dès à

présent : d'une part, elle ne dépouille pas le disposant, d'autre part l'option confère au donataire un droit certain, incontestable. Si *l'état* existe, ce dernier n'a point à redouter les aliénations postérieures relatives aux biens présents (*a*). Observons que si l'instituant survit, la disposition est caduque pour le tout, même pour les biens présents (art. 1089). Et nous répétons ici ce que nous avons dit à propos de l'institution contractuelle : les enfants de l'époux donataire ne seront pas appelés par l'effet de la substitution tacite à la donation cumulative.

On pourrait croire que cette troisième espèce de donation n'est autre chose que la somme des deux premières. Ce serait une erreur. Il n'y a qu'un instant, nous l'avons déclarée caduque par le prédécès ; or, cette caducité n'aurait pas lieu dans la donation de biens présents. (art. 1092.) Première observation, qui la distingue déjà de la donation de biens présents. En second lieu, si elle n'est que la somme des deux autres, il faut rayer les deux textes du Code qui en font mention (art. 1084, 1085). Qu'est-elle donc en définitive ? Elle est une disposition complémentaire, destinée à concilier dans une juste proportion les intérêts des deux parties contractantes. Par cette disposition, je donne à mon épouse mes biens présents et mes biens à venir : mais d'abord, les biens, même

(*a*) Tout en admettant que le donataire qui s'est conformé aux prescriptions légales n'ait point à craindre les aliénations relatives aux biens présents, même celles faites à titre onéreux, il doit toutefois, s'il veut être préféré aux tiers, faire transcrire la donation avant que les tiers n'aient effectué la transcription de leur contrat. (Loi du 23 mars 1855.)

présents, ne lui seront pas transmis actuellement, la transmission aura lieu au *décès*. Voilà où se trouvent le complément, la dérogation ; puis, s'il existe un état des dettes, il sera loisible audit époux d'opter entre les biens présents ou la totalité, et de transformer à son gré la disposition, en lui donnant tel ou tel caractère. Telle est la donation cumulative. M. Delvincourt, (tome ii, p. 429) a soutenu, contrairement à ce que nous venons de dire, qu'elle se compose des deux premières, qu'il faut la scinder. Il pense que si l'un des époux a fait à son conjoint une semblable donation, elle sera, quant aux biens présents, transmissible aux enfants. MM. Aubry et Rau se sont chargés de le réfuter. Et d'abord, ils demandent à M. Delvincourt de vouloir bien leur expliquer la présence des articles 1084 et 1085 dans notre Code. D'autre part, la faculté de scinder la donation n'étant exercée qu'au décès, n'en résulte-t-il pas que jusqu'à ce moment, la loi ne voit dans la disposition entière qu'une disposition *unique* ? (Zachariæ, tome v, p. 536) (*a*).

(*a*) Ricard (*donations* : n. 1062, 1063) s'exprime ainsi à ce sujet. Il faut dire la même chose, lorsque la donation est à la fois de biens présents et à venir (en un mot, il faut appliquer les règles qui concernent l'institution contractuelle) parce qu'elles ne diffèrent presque que de nom, comprenant l'une et l'autre les mêmes biens. Bergier, annotateur de Ricard, fait observer que le parallèle est loin d'être exact, et que la donation cumulative a un grand avantage sur l'institution contractuelle. Cet avantage consiste dans le droit d'option. Une autre différence, c'est que dans cette donation cumulative, le donataire ne peut éprouver aucun retranchement sur les biens présents, même par des aliénations à titre onéreux : au lieu que l'institué contractuel subit ces aliénations à titre onéreux et en outre les dispositions gratuites modérées.

Donation faite sous des conditions potestatives.

« *Donner et retenir ne vaut.* » Tel est le grand principe en matière de donations, telle est la sanction de leur
irrévocabilité. Il faut pour y déroger une disposition spéciale : cette disposition spéciale, nous la rencontrons ici.
La donation *potestative* sera toujours au fond une donation
de biens présents (art. 1081) ou une institution contractuelle (art. 1082) ou une donation cumulative (art. 1084)
subordonnée seulement dans ses effets à certaines modifications qu'il aura plu au disposant d'adjoindre à la libéralité. Ces modifications la feront entrer dans la quatrième
classe que nous traitons en ce moment. Ainsi, tandis que
la donation, faite sous la condition d'acquitter les dettes
postérieures, est nulle et de nul effet en toute autre circonstance, elle sera valablement insérée dans un contrat
de mariage. Toutes conditions sont autorisées en principe ; la loi n'interdit que celles qui blesseraient l'ordre
public et les bonnes mœurs : nous devons excepter encore
la condition purement potestative, celle qui se réduit à la
formule : *si voluero.* Enfin, dans la donation de droit
commun, les effets dont le donateur s'est réservé la faculté de disposer font retour à ses héritiers, nonobstant
toutes stipulations contraires, s'il meurt sans en avoir disposé : ici, l'effet est attribué au donataire ou à ses héritiers. (art. 946, et 1086.)
L'article 1089 déclare caduque par la survie du donateur la donation faite sous des clauses potestatives : ici
encore, nous retirons aux enfants de l'époux gratifié le
bénéfice de la substitution tacite. En un mot, nous appli-

quons l'article 1093 et non pas l'article 1089 *in fine*. A ce sujet, nous renvoyons aux considérations que nous avons précédemment exposées.

Il nous reste à indiquer les conséquences de cette dernière classe de donations contractuelles. 1° Le donataire sera tenu de satisfaire aux conditions, d'acquitter les charges, mais il aura la faculté de renoncer, si ces charges lui paraissent trop considérables. Cette renonciation n'est pas possible, quand il s'agit d'une donation ordinaire : le donataire ne peut se dégager d'une convention *précise* et *réciproque* qui lui impose une charge parfaitement définie, et dont il a pu apprécier les résultats. Ici au contraire, tout est potestatif, les charges sont loin d'être définies, et ce serait mettre l'une des parties à la merci de l'autre, que de lui refuser de se soustraire par une renonciation à des obligations écrasantes.

2° L'effet dont on n'aurait pas disposé fera retour au donataire et à *ses héritiers*. Malgré la généralité de ces termes, on convient que le mot *héritiers* ne s'applique pas aux collatéraux : le législateur n'a eu en vue que les enfants, la *postérité* même du donataire. (Grenier. Troplong.) C'est à propos de ce retour anormal, que des auteurs ont signalé une antinomie entre l'article 1089 et l'article 1086 *in fine*. Et d'abord, avant d'expliquer l'antinomie, demandons-nous comment il se fait qu'il soit permis d'adjoindre à une donation de biens présents des clauses potestatives.

Donation de biens présents, clause potestative, voilà deux idées qui se heurtent! Nous avouons que ces deux idées semblent contradictoires, mais elles ne sont point

incompatibles pour autant. La présence de l'article 1086
dans le Code Napoléon nous prouve une chose, c'est que
la faveur du mariage est telle qu'elle a fait déroger à la
fameuse maxime : *Donner et retenir ne vaut.* La cour de
Riom, frappée de cette prétendue contradiction, avait décidé que notre article 1086 n'avait pas trait aux donations
de biens présents, et que, dans ces sortes de donations,
c'était à l'article 1081 qu'il fallait uniquement s'en référer. La cour de cassation infirma l'arrêt de cette cour
(27 décembre 1815). Au reste, l'ancienne jurisprudence
tenait pour constant que la stabilité des donations contractuelles n'est point incompatible avec les clauses potestatives. Si l'on s'en réfère à l'ordonnance de 1731, on lit
dans l'article 18 : « Entendons pareillement que les donations de biens présents, faites à condition de payer indistinctement toutes les dettes et charges de la succession
du donateur, même les légitimes indéfiniment, ou sous
d'autres conditions dont l'exécution dépendrait de la volonté du donateur, puissent avoir lieu dans les contrats
de mariage, et que le donataire soit tenu d'accomplir les-
dites conditions, s'il n'aime mieux renoncer. »

Passons à l'antinomie. L'article 1089 est ainsi conçu :
« Les donations..... deviendront caduques, si le donateur
survit à l'époux donataire et à sa postérité. » — L'article
1086 *in fine* porte : « L'effet ou la somme, s'il meurt sans
avoir disposé, seront censés compris dans la donation et
appartiendront au donataire ou à *ses héritiers.* » Le donateur a stipulé la faculté dont parle l'article 1086 : il
meurt sans avoir usé de cette faculté, et les effets sont
attribués au donataire ou à ses héritiers. Tout cela est ra-

tionnel, quand le donataire survit. Supposons qu'il prédécède. Comment dire maintenant que les objets réservés
appartiennent à *ses héritiers*, en présence de l'article 1089,
qui déclare la donation caduque en cas de prédécès de
l'époux donataire et de sa *postérité*?

On a proposé la conciliation suivante (*a*). La donation
faite avec la clause de réserve peut avoir rendu le donataire propriétaire sous condition résolutoire. Exemple :
Je vous donne actuellement l'effet, mais votre propriété
sera résolue, si je viens à en disposer ultérieurement.
Dans cette hypothèse, le droit du donataire existe, résoluble, il est vrai, mais transmissible à ses héritiers *sans
distinction*. Dès lors, la donation n'aura point été caduque,
puisqu'elle aura produit effet. *Caducité* et *résolution* sont
deux choses tout à fait différentes, et une donation peut
parfaitement être résoluble sans être caduque.

Cette hypothèse est celle de l'article 1086 *in fine*. A
l'inverse, la donation peut être subordonnée à une condition suspensive. Exemple : L'effet dont je me réserve la
disposition vous appartiendra si je meurs sans en avoir
disposé. Elle ne donne alors qu'une *espérance*, transmissible seulement aux *enfants du mariage* : mais elle est
caduque par le prédécès du donataire et de sa *postérité*.
Cette hypothèse est celle de l'article 1089.

Cette interprétation ne laisse pas d'être subtile : nous
aimons mieux résoudre la question au moyen d'un autre
procédé et soutenir que l'article 1086 *in fine*, quand il

(*a*) Marcadé art. 1086. Boutry, *essai sur les Donations entre
époux*.

parle des héritiers, n'a en vue que les descendants, la postérité même du donataire. De cette façon, les deux articles sont en parfaite harmonie. Quoi qu'il en soit, nous n'avons plus à nous occuper ici de l'antinomie prétendue ou réelle. Nous sommes en matière de donations faites par l'un des futurs époux au profit de l'autre, et nous savons que ces donations ne sont pas transmissibles aux enfants et descendants. Il s'agira donc uniquement de savoir quel est celui des deux époux qui a survécu, sans prendre en considération la présence des enfants du prédécédé.

Donations pendant le mariage.

Que devait faire le législateur de 1804, en présence de l'ancienne prohibition romaine, en présence des principes coutumiers ? Devait-il s'opposer aux donations entre époux, devait-il les tolérer ? De part et d'autre, les motifs étaient graves, les considérations puissantes. En ressuscitant l'antique prohibition, on entrave le *doux commerce des bienfaits* entre deux êtres unis par la plus étroite intimité : on s'oppose à cet échange de procédés affectueux qui se traduit le plus souvent en libéralités. Les époux ont les mains liées, ils ne peuvent donner un libre cours à une générosité que l'association conjugale explique et autorise. D'autre part, ne voyons-nous pas se produire dans cette association les passions irréfléchies, les entraînements, les séductions ? N'est-il pas dangereux de livrer l'époux le plus faible aux exigences du plus fort ? Et la loi serait-elle parfaite, si elle ne suspectait ces avantages

qui ne sont le plus fréquemment que le prix de conti-
nuelles obsessions? Il fallait prendre un terme moyen,
qui conciliât dans une juste mesure les intérêts de tous :
il fallait en un mot reproduire les principes de la dernière
législation romaine. C'est là ce qu'ont fait les rédacteurs.

Article 1096. « Toutes donations faites entre époux
pendant le mariage, quoique qualifiées entre-vifs, seront
toujours révocables. La révocation pourra être faite par
la femme, sans y être autorisée ni par le mari, ni par justice. Ces donations ne seront point révocables par la survenance d'enfants. »

Tout en admettant les libéralités entre époux, la loi les
déclare essentiellement révocables. C'est ce caractère qui
les rapproche du testament et de l'ancienne donation à
cause de mort. Mais au fond, ces libéralités sont de véritables donations entre-vifs (a), et le donataire doit être
considéré comme ayant été propriétaire *ab initio*. L'époux
généreux s'est dessaisi : il est vrai qu'il a subordonné la
libéralité à la possibilité d'une révocation, mais cette condition résolutoire il ne pouvait l'éviter, car la loi l'impose ! Cette faculté de révoquer n'est d'ailleurs nullement
incompatible avec le transfert immédiat de la propriété.
(Cassation. Arrêt du 18 avril 1838). Que s'il résultait de
l'acte que l'époux n'a pas eu l'intention de se dépouiller
actuellement, mais à son décès, la donation demeurerait
en suspens jusqu'à cette époque; il y aurait en un mot condition suspensive. (Nous traiterons cette question plus
longuement dans l'un des paragraphes subséquents.)

(a) Contrà : art. 1096 princip. art. 2 de la *loi* de 1843.

La donation entre époux est donc autre chose qu'un testament : elle est l'œuvre de deux volontés. Tirons cette conséquence, que l'époux mineur ne peut ainsi disposer, bien qu'il ait atteint l'âge de seize ans. Les articles 1095 et 1309 sont formels à cet égard : ils consacrent une exception en faveur de la maxime bien connue : *Habilis ad nuptias , habilis ad pacta nuptiarum.* Mais cette faculté exceptionnelle de disposer est restreinte aux engagements que contracte un mineur dans son contrat de mariage. C'est à la faveur de cet acte solennel que la loi veut bien déroger aux règles générales concernant la minorité. (Zachariæ p. 550, Vazeille art. 1095. *Cour de Paris ,* 11 décembre 1812, 10 Nov. 1820. *Limoges ,* 15 Janvier 1822). Il est à peu près inutile de nous demander si l'autorisation du mari est nécessaire pour valider une donation que sa femme lui offre : le mari étant donataire direct, je ne sache pas qu'il puisse lui arriver de refuser une autorisation qui doit l'enrichir ; son acceptation renferme d'ailleurs une autorisation implicite. La circonstance que l'un des époux a été condamné à des peines perpétuelles, afflictives et infamantes , le rend incapable de donner et de recevoir à titre gratuit : la libéralité postérieure au jugement de condamnation n'est pas révocable, elle est nulle. Faut-il annuler aussi la donation antérieure ? Nous ne le pensons pas : nous ne devons pas nous montrer plus sévères que la loi , qui n'annule que le *testament* du condamné. (Loi du 31 Mai 1854, abolitive de la mort civi...

7

Puisque la donation entre époux diffère de l'acte testamentaire, il s'ensuit que la capacité du donateur doit être prise en considération au moment où la disposition est faite et au moment où elle est acceptée : car, c'est par l'acceptation que le contrat se forme. Mais il n'est pas tenu d'être capable au moment de la mort. Certains auteurs exigent en troisième lieu qu'il y ait capacité lors de la notification de l'acceptation. (art. 932. Duranton. *Contrà* Demante.) Quant à l'époux donataire, sa capacité est requise au moment où son acceptation transforme en un contrat véritable la pollicitation du donateur. Est-elle exigée au moment de l'offre? Je ne le pense pas : en effet, une offre, bien que non acceptée, se perpétue, et continue d'exister jusqu'à l'acceptation. La question de capacité au moment de la notification ne se présente plus ici ; l'article 932 est formel. « La donation, porte ce texte, n'a d'effet *à l'égard du donateur*, que du jour où l'acte qui constatera l'acceptation lui aura été notifié. »

FORMES.

L'article 947 dispose : « Les *quatre* articles précédents ne s'appliquent point aux donations dont est mention aux chapitres VIII et IX du présent titre. » Concluons-en que toutes les autres règles énoncées au chapitre IV sont applicables entre époux. Ainsi, les formes sont celles de droit commun en ce qui concerne l'acceptation expresse, le ministère du notaire, l'état estimatif etc... La loi du 21 juin 1843, sur la forme des actes notariés, range la donation entre mari et femme parmi les quelques actes qu'elle entoure de formalités minutieuses. Ainsi, pareille

donation sera, à peine de nullité, reçue conjointement
par deux notaires ou par un notaire assisté de deux témoins. La présence du notaire en second et des témoins
n'est requise qu'au moment de la lecture et de la signa-
ture de l'acte : elle sera mentionnée à peine de nullité.
(art. 2.) La donation entre époux comprend-elle des
immeubles, nous pensons, malgré l'autorité de M. Troplong, que la transcription est nécessaire. La donation de
biens immeubles, dit cet auteur, ne doit pas être transcrite : c'est le droit de révocation auquel elle est soumise
qui l'en dispense. Qu'a-t-elle besoin d'être transcrite ?
(n° 2652.) Cette solution nous paraît erronée : on peut
en effet citer tel et tel cas où la transcription deviendra
nécessaire, par cela même que le disposant n'aura pas
usé de la faculté de révoquer. Voilà par exemple des créanciers qui obtiennent contre le donateur une hypothèque
générale, postérieurement à la disposition faite en faveur
du conjoint : le donateur n'a pas révoqué. Dès lors, si la
transcription a été effectuée, l'hypothèque des créanciers
ne porte pas, malgré sa généralité, sur les biens qui ont
été précédemment donnés et transcrits. Et d'ailleurs, le
donataire n'a-t-il pas reçu une propriété, résoluble il est
vrai, mais une propriété véritable? Ne peut-il pas con-
sentir sur cette propriété des droits résolubles, mais véritables? (art. 2125). N'y a-t-il pas translation de droits
réels ! Pourquoi la transcription n'aurait-elle pas lieu?
L'article 1er § 1er de la loi de 1855 ne nous permet aujourd'hui aucun doute. « Sera transcrit au bureau des
hypothèques tout acte entre-vifs, *translatif* de propriété
immobilière ou de droits réels *susceptibles d'hypothèque.* »

Or, la propriété conférée à l'époux donataire est susceptible d'hypothèque (art. 2125), donc l'acte sera transcrit.

EFFETS.

Nous avons brièvement exposé plus haut les effets de
la disposition entre époux ; nous avons dit qu'elle était
au fond une donation entre-vifs, ansférant le domaine
ab initio, mais sous une condition résolutoire (cassation
18 avril 1838). On a contesté ce point, en se fondant sur
le *principium* de l'article 1096 et sur l'article 2 de la loi
du 21 juin 1843. Voyez, nous dit-on, de quels termes
le législateur s'est servi : « Toute donation entre époux,
bien que qualifiée entre-vifs. » Donc ce n'est point une
donation entre-vifs. « Toute donation entre-vifs, *toute
donation entre époux*. » Donc ce n'est pas la même chose.
Je partage pleinement l'avis de ceux qui contestent ma
proposition : j'admets encore que la donation entre époux
soit une disposition *sui generis*. Elle est *sui generis*, en
ce sens qu'elle est à la fois un acte entre-vifs et un acte
révocable, ce qui ne se conçoit pas ordinairement. Mais,
je le maintiens, elle est avant tout un acte entre-vifs,
transférant le domaine *ab initio*, sous la condition résolutoire de la révocation. Conséquences; 1° S'il y a lieu de
réduire, la réduction portera sur les legs d'abord, puis
sur les donations les plus récentes ; la disposition entre
époux sera réduite à sa date ; 2° le prédécès de l'époux
gratifié ne la rend pas caduque, par cette raison qu'elle
n'est point une donation à cause de mort; le code Napoléon a aboli ce mode de disposer, dans l'article 893 que
nous trouvons formel, péremptoire. Dès lors, le dona-

teur n'ayant rien rétracté, les biens donnés ont été *ab initio* acquis au donataire qui en mourant les transmet à ses successibles. (Zachariæ § 744, cassation 18 juin 1845.)

— A quelles personnes s'adresse l'article 1096?—L'article 1096 s'adresse aux personnes unies par le lien du mariage. Le code Napoléon n'a pas reproduit les dispositions de l'ancien droit relatives aux concubins. Pothier, plus scrupuleux et plus sévère, disait au n° 31 des donations : « Un homme et une femme qui sans avoir contracté mariage vivent en concubinage, sont incapables de se faire *aucunes* donations, non par cet article 282 de la coutume de Paris (car on ne peut pas dire qu'ils soient conjoints par mariage) mais par une raison qui leur est particulière, savoir qu'il serait contre les bonnes mœurs et l'honnêteté publique que ces personnes pussent recevoir par des donations la récompense de leur mauvais commerce. Plusieurs coutumes en ont des dispositions. Je pense même que cela doit avoir lieu après que ces personnes se sont séparées et ont cessé ce mauvais commerce ; car les donations qu'elles se feraient pourraient toujours paraître faites en considération des habitudes qu'elles ont eues. » — Le code Napoléon , disons-nous, n'a pas cru devoir maintenir une semblable prohibition : bien plus, les concubins sont en dehors de l'article 1096, et leurs donations jouissent de l'irrévocabilité !

Cet article 1096 s'adresserait parfaitement aux époux qu'une convention à l'amiable ou qu'une décision judiciaire aurait désunis. La séparation, à la différence du di-

vorce, respecte l'indissolubilité du mariage : elle en relâ-
che les nœuds, sans les briser.

Quels effets produira l'article 1096, vis-à-vis d'un mariage putatif? 1ere *hypothèse* : Donateur et donataire ont
été de mauvaise foi. Le mariage ne produit aucun effet,
il n'y a ni époux ni épouse. La donation échappe à l'article
1096, et devient donation de droit commun.

2e *Hyp* : Le donateur est de bonne foi. — Il jouit du
droit de révocation ; son erreur le protége ; il a donné à
une personne à laquelle il se croyait uni par les liens du
mariage. Décider autrement, ce serait récompenser la
mauvaise foi.

3e *hyp* : L'époux donateur a seul été de mauvaise
foi. — Ici, le mariage est putatif à l'égard de l'époux donataire et produit, en ce qui le concerne, tous les effets
civils. Dès lors, nous sommes forcés, nonobstant la mauvaise foi du donateur, d'accorder à ce dernier la faculté
de révoquer. C'est en vain que le donataire allèguera son
erreur et se retranchera dans les articles 201 et 202. En
invoquant sa bonne foi, il se prétend époux légitime et,
comme tel, l'article 1096 lui est applicable.

RÉVOCABILITÉ.

Nous reconnaissons ici le caractère que le sénatus-consulte d'Antonin Caracalla avait imprimé aux libéralités
entre conjoints : la révocabilité est de leur essence même
et l'époux généreux ne saurait renoncer d'avance à ce
droit qui le protége. Si la loi eût autorisé ces abdications
volontaires, la clause de renonciation fût devenue de
style et les dangers qu'on a voulu prévenir eussent re-

paru. Quelle est la nature de cette révocabilité? Est-elle
purement potestative? Faut-il au contraire baser une demande en révocation sur des motifs, sur des faits? Cette
première question a engendré des controverses. Des auteurs ont prétendu que la révocabilité n'était point ici
purement potestative, et que la loi française annulait toujours les clauses qui pouvaient se réduire à un *si voluero*.
D'ailleurs, la donation n'est-elle pas avant tout un *contrat*,
engendrant des obligations. Il résulte qu'il ne saurait être
loisible à l'un des époux de s'en départir, au moyen d'une
volonté purement potestative. Cet argument serait excel-
lent, si on le produisait au titre des Obligations; mais nous
le repoussons ici. D'abord , si la donation est un contrat ,
chacun sait qu'elle est un contrat *sui generis :* à tel point
que, lors de la discussion, on hésita longtemps au sujet
de la qualification qu'il convenait de lui donner. On ne
savait pas au juste si elle était un *acte* ou un *contrat*.

Nous en concluons qu'il est peu opportun de lui appliquer indistinctement toutes les règles des obligations. En
second lieu , quelle a été l'intention du législateur? Il a
voulu prévenir les dangers que peut faire naître entre
époux une influence trop souvent démontrée par les le-
çons de l'expérience. Il n'eût été prévoyant qu'à demi ,
s'il n'avait autorisé et consacré la révocation *ad nutum*.
Ainsi donc, l'époux généreux n'a pas de motifs à alléguer.
Feci , peut-il dire, *sed jure feci.* Qu'il révoque arbitrairement, capricieusement, il n'importe. Cette liberté est une
garantie : il peut en user jusqu'à ses derniers moments.
*Ut sit ambulatoria voluntas ejus usque ad vitæ supremum
exitum. Pœnitentiam accipere debemus supremam.*

Malheureusement, certains auteurs ont déduit de cette révocabilité *ad nutum* des conséquences que nous ne pouvons admettre. On sait qu'en principe la femme dotale ne peut aliéner ses immeubles dotaux par des actes entrevifs. M. Troplong crée une exception, quand la donation est faite par la femme au mari. Les motifs qui ont fait admettre le grand principe d'inaliénabilité ne se présentent plus ici, attendu, dit-il, que la femme peut toujours révoquer et qu'elle ne manquera pas de le faire., s'il survient des dangers sérieux. M. Vazeille partage cet avis. La femme, dit-il, ne fait pas une réelle aliénation, en donnant à son mari un immeuble dotal, puisqu'elle ne fait qu'une donation à cause de mort qui ne la dessaisit pas et qu'elle peut toujours révoquer (Troplong, n° 2647. Vazeille, p. 338. Cassation, 1ᵉʳ décembre 1824. Riom, 5 décembre 1825). D'abord, je nie l'existence de la donation à cause de mort : l'article 893 en a fait justice. En second lieu, le principe d'inaliénabilité n'a pas été introduit au profit exclusif de la femme dotale : il protège également l'avenir des enfants, en leur assurant une planche de salut, dans l'hypothèse d'un désastre. Enfin, pourquoi cette exception arbitraire? Le principe d'inaliénabilité est formel, général, inviolable. L'art. 1554 dispose : *On ne peut aliéner le fonds dotal pendant le mariage, sauf les cas textuellement prévus.* Toutes les considérations que peut inventer l'imagination la plus féconde viennent échouer devant un texte précis. Cette donation ne présente aucun danger, dites-vous, attendu que la femme peut toujours l'annihiler par un changement de volonté. Et qui nous prouve que la femme soit toujours à même d'exercer cette révocation ? Ne peut-on pas trouver des cas fortuits, imprévus, où elle devient impossible, surtout si l'on exige un changement de volonté exprimé dans la forme légale ? Quelle que soit donc l'autorité des auteurs que nous combattons, quel que soit le respect que nous professions pour la jurisprudence, nous pensons que la donation du fonds dotal faite par la femme au mari est nulle et de nul effet (art. 1554).

Comment doit s'opérer la révocation ? *Sufficit pœnitere,* disait la loi romaine. En droit français, le repentir le plus nettement manifesté ne saurait suffire. Nous appliquons l'article 1035 et ne croyons pas agir arbitrairement, en exigeant que le changement de volonté soit exprimé dans un testament postérieur ou dans un acte notarié. La loi n'a pas dû attacher moins d'importance à la révocation d'une donation entre époux qu'à la révocation d'un testament.

Le législateur, en proclamant le principe de révocabilité, devait lui assurer toutes les garanties possibles.

Ainsi, l'autorisation maritale n'est pas requise pour agir en révocation. La femme est seule juge de ce qu'elle doit faire. Exiger une semblable autorisation, ce serait mettre le plus souvent le mari dans la nécessité de la refuser, ce serait le placer entre son intérêt et son devoir et, dans ce conflit, l'intérêt aurait la préférence. (art. 1096. *alinéa second.*) Autre garantie : Les époux ne pourront, pendant le mariage, se faire ni par acte entre-vifs ni par testament aucune donation mutuelle et réciproque par un seul et même acte. L'article 1097 exige deux actes séparés, afin de laisser aux disposants une indépendance entière. Permettre le don mutuel dans un seul et même acte, c'eût été gêner la liberté de révocation. Quand les deux actes existent, quoique faits le même jour et à la même heure, les dispositions n'en sont pas moins valables, car chaque époux possède son acte et peut révoquer à son gré. (Vazeille. p. 342.)

Observons que la place qu'occupe dans le Code l'article 1097 ne nous permet pas de l'appliquer, par une extension arbitraire, aux avantages provenant des opérations de commerce et des affaires d'intérêt qui peuvent se concevoir entre les époux.

Arrivons à la révocation tacite. Sur ce point, nous nous demanderons si certains faits ne produisent pas des résultats analogues à une révocation exprimée. Tels sont l'ingratitude du donataire, l'inexécution des charges, la séparation de corps, la survenance à l'époux donateur d'un enfant non commun etc...

De *l'aliénation.* — En Droit romain, l'aliénation postérieure des biens donnés empêchait la donation de produire effet : il doit en être de même chez nous. Une pareille disposition est incompatible avec la donation ; elle révèle de la part du disposant une intention positive de l'anéantir jusqu'à concurrence de la disposition nouvelle. Cette présomption résultant de l'aliénation est tellement forte, qu'elle anéantit la libéralité, alors même que l'aliénation est nulle, alors même que le bien donné fait retour à l'époux donateur par suite de circonstances imprévues. L'article 1038 est formel : il déclare que le retour de l'objet aliéné, quand il s'opère par la voie du réméré, ne fait pas revivre la libéralité. On aurait pu

douter à cet égard ; et l'article 1038 est venu prévenir les
doutes et trancher les controverses. Sa solution est équitable. En effet, la libéralité a été annihilée par un changement de volonté et il faut pour la ressusciter une volonté nouvelle.

De l'*Hypothèque* — Les jurisconsultes romains ne voyaient
pas dans la constitution de gage et dans l'hypothèque une
cause de révocation tacite (1. 32 § 5.) L'article 1020 a
reproduit les mêmes principes. Dans l'espèce, le changement de volonté est loin d'être aussi manifeste, aussi
énergique que dans l'aliénation. La disposition n'est point
annulée, elle est amoindrie et le donataire recueille les
biens grevés de l'hypothèque. Il paiera la dette, s'il le
veut : il se laissera exproprier, s'il le préfère. Dans tous
les cas, il aura la faculté d'abandonner l'immeuble grevé
d'hypothèque, car il n'est tenu que *propter rem*.

Quel est l'effet de l'inexécution des charges sur la donation entre époux? Nous n'avons rien à dire de spécial
à ce sujet ; l'article 954 s'applique ici. Il y a dans cette
inexécution une clause résolutoire dont l'effet est d'a-
néantir tous les droits conférés aux tiers par l'époux donataire, et de faire rentrer les biens donnés en la possession du donateur. C'est en un mot l'application exacte
des principes de droit commun en matière de résolution.

Quid de l'ingratitude de l'époux donataire? Appliquerons-nous l'article 959 et dirons-nous que la libéralité
n'est pas révocable? Evidemment non. L'article 959 ne
fait échapper à la révocabilité que les donations *en faveur*
du mariage : or le mariage est ici un fait accompli, il
n'est plus besoin de l'encourager, de le favoriser. On

comprend très-bien qu'en traitant des donations entre
époux par contrat de mariage, nous ayons pu déclarer
ces donations non révocables pour cause d'ingratitude :
car elles sont faites *en faveur* du mariage. Mais, entre
mariés, cette raison n'existe plus. Il serait d'ailleurs faux
de dire que la peine prononcée contre l'époux ingrat réa-
gira contre des enfants innocents, ces enfants retrouvant
dans une succession ce qui leur échappe dans l'autre. Nous
appliquons donc entièrement l'article 955 et déclarons la
donation entre époux parfaitement révocable dans les cas
énoncés par ce texte. Certaines personnes n'admettent
même pas que l'on pose la question. A quoi sert, disent-
elles, de la déclarer révocable pour cette cause, en présence
de l'article 1096 qui proclame le principe de la révocabilité *ad nutum?* Nous leur répondons que l'intérêt est manifeste. Supposons le donateur prédécédé : s'il vivait, il
révoquerait *ad nutum ;* mais ses héritiers n'ont évidem-
ment pas le même droit. Il leur est donc utile d'avoir sous
la main un autre moyen de révocation, et ce moyen c'est
l'ingratitude. Le même argument se reproduit dans l'hypothèse d'une résolution pour inexécution des charges et
dans d'autres hypothèses que nous allons passer en
revue.

Quid de la séparation de corps? Fait-elle perdre à
l'époux contre lequel elle est prononcée les avantages
provenant de son conjoint? La question longtemps débattue est aujourd'hui fixée dans le sens de l'affirmative.
Les systèmes s'entre-croisent. L'un d'eux consiste à dire·
qu'il est inutile de poser la question, attendu que les cas
de séparation et les cas d'ingratitude sont identiques

(*excès, sévices, injures graves*). Dès lors il suffit à l'époux innocent d'invoquer l'article 955.

Un autre système, que nous adoptons pleinement, déclare la donation révoquée *de plein droit* par la séparation de corps. Il est plus avantageux que le premier, en ce sens que la révocation a lieu de plein droit : au contraire, la révocation dont il est parlé dans l'article 955 doit être demandée dans un délai déterminé. (art. 957) Voici les raisons données à l'appui de ce système : 1° L'article 1518, en traitant du préciput, décide que l'époux qui a obtenu la séparation conserve, en cas de survie, ses droits au préciput. C'est décider *à contrario* que l'époux contre lequel elle est prononcée les perd. Si donc la séparation dépouille l'époux coupable d'un avantage qui renferme le plus souvent, par son caractère de réciprocité, une espèce de titre onéreux, à plus forte raison doit-il en être de même des avantages purement gratuits.

2° La séparation de corps, chacun le sait, ne fut introduite que pour satisfaire aux réclamations des catholiques : on l'a surnommée le *divorce des catholiques*. Les principes qui la régissent sont exactement les mêmes que ceux qui régissaient l'ancien divorce, et, sauf ce qui concerne l'indissolubilité du mariage, ces deux institutions présentent la plus parfaite analogie. Si l'on s'en réfère à l'ancien article 299, on voit qu'il est ainsi conçu : « L'époux contre lequel le divorce aura été admis perdra tous les avantages que l'autre époux lui avait faits, soit par contrat de mariage, soit depuis le mariage contracté ». — Il est donc rationnel de l'appliquer, puisqu'il n'a aucun rapport avec le principe d'indissolubilité.

Quid de la survenance d'un enfant non commun, c'est-
à-dire d'un enfant issu d'un subséquent mariage? A-t-elle
pour effet d'infirmer la disposition entre époux, contrairement aux articles 960 et 1096? La majorité des auteurs,
s'attachant à la lettre même de ces deux articles, ne distinguent pas entre l'enfant commun et l'enfant issu d'un
subséquent mariage, et déclarent les donations entre
époux non révoquées par cette survenance. Nous avons
trouvé dans M. Grenier l'opinion contraire soutenue avec
autant de chaleur que de talent, (N° 199.) et nous l'adop-
terons d'autant plus volontiers qu'elle nous a été enseignée à cette école par notre professeur de Code Napoléon.

Le système adopté par la majorité des auteurs s'appuie
sur la lettre même des article précités, qui ne font aucune espèce de distinction. Nous ne saurions méconnaître
la valeur d'un argument littéral; mais nous avons pour
nous les précédents historiques, ainsi que l'atteste l'ordonnance de 1731. A ces précédents viennent s'adjoindre
de puissantes considérations.

Prevôt de la Joannès, commentant l'article 39 de l'ordonnance de 1731, s'explique ainsi : « Si par le contrat
de mariage l'un des conjoints avait fait une donation au
profit de l'autre, elle ne serait point révoquée par la survenance d'un enfant *commun*. Comme on ne se marie que
pour avoir des enfants, il est visible que le conjoint donateur n'est point arrêté par la considération des enfants
qui pourraient naître de *son* mariage. » M. Grenier cite
à l'appui un jugement du tribunal de Montmorillon. En
voici les termes : Si les donations entre époux sont excep-

tées du principe de la révocation pour cette cause, cette exception doit se borner aux enfants du mariage même en faveur duquel la donation a été faite, et les donations, *même entre époux*, sont révocables par la survenance d'enfant d'un subséquent mariage (a).

Ainsi donc, sous l'ordonnance, on distinguait entre les enfants communs et non communs : la naissance de ces derniers révoquait la libéralité.

Si l'on aborde maintenant les considérations d'équité, l'on comprendra que l'ancienne distinction était fort raisonnable. N'est-il pas juste en effet de rentrer dans le droit commun en faveur d'un enfant issu d'un subséquent mariage, surtout quand les biens laissés par l'époux donataire appartiennent peut-être à des collatéraux éloignés? Je m'explique : Un mari a fait une donation à sa femme : le mariage n'a pas produit d'enfants. La femme donataire meurt, et transmet les biens donnés à ses héritiers que je suppose fort éloignés. Le donateur se remarie et de cette nouvelle union naît un enfant : la libéralité, à notre avis, sera révoquée par ce fait inattendu. Ainsi que l'explique fort bien M. Grenier, le donateur n'est jamais *présumé* vouloir que ses biens passent en des mains étrangères, au préjudice des enfants qu'il pourra avoir dans la suite. La loi ne le permet pas : son but est de venir au secours du donateur, s'il pouvait jamais méconnaître les sentiments qu'il éprouverait en devenant père. Quand elle déclare que la libéralité entre conjoints ne sera point révoquée par la survenance d'enfants, la loi n'entend parler que

(a) Je dirai : *surtout entre époux* : car il y a un *à fortiori* bien évident.

des enfants qui naîtront du premier mariage. Ces enfants seraient mal inspirés, en attaquant une disposition qui consacre l'intimité et les excellents rapports d'une union à laquelle ils doivent le jour; ils retrouvent d'ailleurs dans la succession de leur mère les biens qui font partie de la disposition. Mais, en dehors de cette circonstance et en rentrant dans l'hypothèse d'un nouveau mariage, le principe dont le législateur est parti reparaît dans toute sa force. « C'est alors une famille nouvelle, formée après la donation, qui lutte contre des étrangers ! »

Enfin, remontons à l'origine des choses et demandons-nous pourquoi la survenance d'enfants dissout une libéralité de droit commun. La cause, la voici : Au moment de la disposition, le donateur n'a point encore goûté les douceurs de la paternité : la loi vient au secours de son imprévoyance, et lui permet un repentir même tardif, alors que ces sentiments de paternité viennent à s'éveiller en lui. Eh bien ! n'est-ce pas précisement notre hypothèse ? Et ne devons-nous pas appliquer cette maxime de droit : *Ubi eadem ratio, idem jus !* (En ce sens : Grenier, § 199. tome 2. 4e édition; Delvincourt. Dalloz. — *Contrà* : Merlin, Chabot de l'Allier, Toullier, Duranton, Vazeille, Poujol, Coin-de-Lisle).

Quel est l'effet du prédécès de l'époux donataire? Emporte-t-il révocation? En expliquant la nature des dispositions entre époux, nous avons abordé légèrement cette grande question : le moment est venu de la développer.

La grande majorité des auteurs, considérant la donation entre époux comme une disposition à cause de mort, la déclare caduque par le prédécès.

1° Les lois 13 et 32 § 14 le décidaient d'une manière positive : le Code civil ne porte pas cette déclaration, parce que la chose va de soi. « La donation étant révocable, elle est seulement confirmée par le silence du donateur jusqu'à son décès : mais cette confirmation ne peut être détachée de l'existence du donataire. On ne peut donner ou continuer de donner à quelqu'un qui n'existe plus. » (Grenier.)

2° Les articles 1096 *princip.* et 2 de la loi de 1843 nous signalent une différence entre la donation de droit commun et la donation entre mari et femme.

3° L'article 1093 déclare caduque par le prédécès l'institution contractuelle, qui, par son titre même est irrévocable ; à plus forte raison doit-il en être ainsi d'une disposition essentiellement révocable.

4° Enfin, l'article 1092 établit un argument *à contrario*. « Toute donation entre-vifs de biens présents, faite entre époux par *contrat de mariage*, ne sera pas censée faite sous la condition de survie du donataire. » C'est dire implicitement que toute donation de biens présents, faite *pendant le mariage*, sera réputée faite sous cette condition. (En ce sens : Grenier, Vazeille, Toullier, Delvincourt, Duranton.)

L'opinion contraire est enseignée par Mrs Aubry et Rau, annotateurs de Zachariæ. Un arrêt de la cour suprême, à la date du 18 juin 1845, est venu confirmer cette opinion que nous croyons la meilleure, bien qu'elle soit à peu près isolée dans la doctrine.

Premièrement, il est faux de conclure d'un caractère commun à une analogie parfaite. De ce que les donations entre époux et les dispositions testamentaires sont révocables, il ne s'ensuit nullement qu'il faille les confondre. Il y a entre elles des points de dissemblance marqués : la donation entre époux implique le concours *solennel de deux* volontés ; le testament suppose une volonté unique et cette volonté n'a pas besoin d'être solennellement exprimée. En effet, le testament est souvent olographe. En second lieu, si les donations entre époux ne produisaient effet qu'au décès, l'acceptation immédiate du donataire serait un non-sens du vivant du donateur, car elle serait sans objet.

2° Le Code civil, dites-vous, n'a point reproduit les décisions de l'ancien droit, parce que la chose va de soi. Malgré tout le respect que mérite la tradition, je le nie formellement et je m'empare de l'argument :

Le Code civil, dis-je à mon tour, n'a pas reproduit les décisions de l'ancien droit, parce que la chose *ne va pas de soi.* Il est difficile de trouver un article plus net, plus précis que l'article 893. « On ne pourra disposer de ses biens, à titre gratuit, *que* par donation entre-vifs *ou* par testament. » N'est-ce pas dire implicitement ceci : Autrefois, on disposait de ses biens par plusieurs modes, aujourd'hui nous n'en reconnaissons que deux ! Si cet article est attaquable dans son sens, il n'en est pas un seul dans tout le Code Napoléon que l'on ne puisse attaquer et sur lequel on ne puisse discuter !

3° L'article 1096 *princip.* et l'article 2 de la loi sur le notariat emploient, dites-vous, des expressions qui dénotent une différence entre la disposition dont nous parlons et la donation de droit commun. Je suis de cet avis : oui, il y a différence, mais elle n'est pas où vous la trouvez! Il y a différence en ce que la donation entre époux, au lieu d'être irrévocable comme toute donation, est dispensée de la règle : *Donner et retenir ne vaut.* Elle est en ce sens une libéralité *sui generis ;* mais là se borne la différence.

4° Quant à l'argument *à fortiori* que vous déduisez de l'article 1093, on fait observer que si le législateur déclare caduques par le prédécès les institutions contractuelles d'époux à époux, c'est uniquement en raison de la nature des biens qui en font l'objet, des biens à venir. Tout ce que vous pouvez légitimement induire de ce texte, c'est que le prédécès de l'époux donataire entraîne *aussi* la caducité des donations de biens à venir faites *pendant le mariage.* Mais, encore une fois, cela ne signifie nullement que le prédécès ait de l'influence sur les donations de *biens présents* faites *pendant* le mariage. (Voir MM. Aubry et Rau.)

5° Passons à l'argument *à contrario* déduit de l'article 1092. Il renferme une pétition de principe que MM. Aubry et Rau se sont empressés de dévoiler. « L'argument *à contrario* aurait peut-être quelque valeur, s'il était certain que les donations entre époux sont, en général et de leur nature, censées faites sous la condition de survie de l'époux donataire. Mais ce point n'est rien moins qu'établi, et l'admettre comme base d'un raisonnement, c'est faire en définitive une véritable pétition de principe. »

Au reste, l'article 1092 n'a pas à cet égard de force probante. On sait quelle est son origine ; il a été introduit dans le Code, dans le but unique de faire cesser une ancienne controverse.

6° Ajoutons que le législateur a pris la peine d'édicter l'article 1039 en matière de legs et qu'il s'y est expliqué formellement sur la caducité. « Toute disposition testamentaire sera caduque, si celui en faveur de qui elle est faite n'a pas survécu au testateur » Si le législateur eût cru devoir répéter entre époux la même disposition, il l'eût certainement fait. (Zachariæ p. 553. Limoges, 1ᵉʳ février 1840. Cassation, 18 juin 1845, 18 avril 1838.)

Cette longue discussion n'est pas inutile : elle nous amène à exposer nettement les caractères, la nature et les conséquences de la donation entre époux. Qu'est-elle donc en définitive ? Elle n'est autre chose qu'une donation entre-vifs dispensée de la règle : *Donner et retenir ne vaut.* Ou bien, pour parler plus exactement encore, elle est une donation entre-vifs, sous la condition résolutoire de la révocation. Son effet est instantané; immédiat, au lieu d'être ajourné, comme le testament, jusqu'à l'époque du décès. Elle a besoin, il est vrai, d'être confirmée par le silence du donateur jusqu'à sa mort; mais cette confirmation arrivant, la donation conserve sa force du jour même de sa date. « Attendu qu'il résulte que les époux peuvent se faire pendant le mariage des donations entre-vifs ; que l'effet des donations, lorsqu'elles ont pour objet des biens présents, est de saisir l'époux donataire de la propriété des choses données : que, s'il en était autrement, ces donations perdraient leur véritable caractère, *pour ne devenir que des donations à cause de mort et être assimilées aux testaments*, etc. »

Ces considérants émanent de la cour suprême : ils nous

confirment pleinement dans l'opinion que nous avons adoptée. (arrêt du 18 avril 1838.)

Conséquences : C'est une donation entre-vifs : donc le prédécès ne la rend pas caduque, donc elle transfère la propriété immédiate : la transcription, l'état estimatif seront exigés : les créanciers du donateur seront mal venus de saisir, après son décès, les biens antérieurement donnés. Le mineur, même au-dessus de seize ans, ne pourra faire au profit de son conjoint une semblable disposition, bien qu'il le puisse par contrat de mariage. La donation sera réduite à sa date : la réduction portera sur les legs d'abord, puis sur les donations les plus récentes.

La révocation réagit-elle contre les tiers ? Cette question se trouve résolue par le fait. La donation renferme en elle-même une condition résolutoire, dont l'effet est d'anéantir tous les droits que le donataire a pu conférer. L'époux n'a jamais eu qu'un droit résoluble ; il n'a pu transmettre qu'un droit affecté du même vice. *Resoluto jure dantis, resolvitur jus accipientis.*

Devons-nous appliquer l'article 958, qui, dans l'hypothèse d'une révocation pour cause d'ingratitude, protége les tiers acquéreurs, en maintenant les aliénations et hypothèques ? Je ne le pense pas. Il est inexact de dire que la peine n'ira pas à son adresse et que les tiers supporteront les conséquences d'une faute qui leur est étrangère. En effet, en contractant avec l'époux donataire, ils ont dû savoir que les biens donnés étaient soumis à une permanente révocation et qu'à tout instant cette chance de résolution pouvait les atteindre. Dès lors, pourquoi maintenir à leur profit un contrat dont ils ont connu tous les vices, toute la précarité? Les aliénations, les hypothèques seront donc infirmées ; mais, bien entendu, l'article 1382 leur ouvrira contre l'époux ingrat un recours en dommages et intérêts.

La faculté de révoquer est-elle un droit exclusif? La jurisprudence décide l'affirmative avec beaucoup de raison. L'époux est en effet le meilleur juge de ce qu'il convient de faire ; la loi ne doit pas lui forcer la main. Les considérations qui le déterminent sont connues de lui seul ; et il serait dangereux d'introduire dans un ménage, peut-être fort uni, des créanciers dont la prudence est souvent exagérée. D'ailleurs, les créanciers apprécieraient difficilement les motifs de résolution et se décideraient invariablement pour la révocation. Nous croyons donc que ce droit est inhérent à la personne, et qu'il échappe à l'application de l'article 1166. Ainsi l'a décidé un arrêt de la cour de Limoges à la date du 1er février 1840. (Troplong. n° 2672. Zachariæ. § 744 *Note* 31.)

QUOTITÉ DISPONIBLE ENTRE ÉPOUX, DANS L'HYPOTHÈSE D'UN MARIAGE UNIQUE.

(art. 1094.)

« L'époux pourra, soit par contrat de mariage, soit pendant le mariage, pour le cas où il ne laisserait point d'enfants ni descendants, disposer en faveur de l'autre époux, en propriété, de tout ce dont il pourrait disposer en faveur d'un étranger, et en outre de l'usufruit de la totalité de la portion dont la loi prohibe la disposition au préjudice des héritiers. — Et pour le cas où l'époux donateur laisserait des enfants ou descendants, il pourra donner à l'autre époux ou un quart en propriété et un autre quart en usufruit, ou la moitié de tous ses biens en usufruit seulement. — »

A la lecture de ce texte, il est naturel de se demander pour quel motif le législateur a dérogé aux principes ordinaires en matière de réserve, et pourquoi il a assigné à la quotité disponible entre époux un taux en général plus élevé que celui de droit commun. Cette extension est facile à justifier. Les relations que produit le mariage, cette intimité étroite qui en est la conséquence, cette parité de vues et d'intérêts dans les mille questions que peut soulever la vie commune, telles sont les considérations qui ont influé sur la décision du législateur. A la personne des époux s'attache une faveur que la loi a proclamée dans maintes occasions : il n'est donc pas injuste de donner un champ libre à leur mutuelle générosité et d'étendre à leur profit les limites du droit commun. Les avantages entre époux sont souvent inspirés par un sentiment de prévoyance que la loi ne saurait trop encourager : ils sont destinés à assurer au conjoint survivant un rang digne de lui. Son autorité sera d'autant plus respectée qu'il aura à sa disposition plus de moyens de récompenser et de punir. A cet effet, il est sage d'élever le taux de la quotité disponible. Les enfants seraient-ils admis à se plaindre de cette extension? Evidemment non. Ils sont héritiers présomptifs de l'époux donataire et la libéralité leur fera retour.

Sans entrer de suite dans les détails, parcourons *grosso modo* les trois hypothèses de l'article 1094.

1ᵉʳᵉ *Hyp.* : Le disposant ne laisse ni enfants ni ascendants.— Il n'y a pas de réserve (art. 916.) Le donateur qui pourrait gratifier un étranger de la totalité de ses biens, peut à plus forte raison en gratifier son conjoint (a).

2ᵉ *Hyp.* : Le disposant laisse des ascendants. — La solution de l'article 1094 présente une singulière anomalie qui n'a point échappé à l'attention de l'un des rédacteurs. Il est véritablement dérisoire, dit M. Malleville, de renvoyer les ascendants pour la jouissance de leur réserve à la mort de leurs gendres ou brus, qui ont de moins qu'eux l'âge d'une génération. Malgré l'observation, l'article 1094 passa sans amendement. Au fond, est-il bien injuste? Nous ne le croyons pas. Les ascendants auront la faculté de vendre la nue propriété. Triste ressource, objecte-t-on, qui les met dans la nécessité de vendre une propriété qu'ils doivent désirer transmettre à leur postérité! — Si l'on s'en réfère au Rapport fait au Tribunat par Mʳ Jaubert, au nom de la section de législation, il est facile de se convaincre que toutes les objections ont été prévues et qu'elles n'ont point empêché l'article 1094 de passer dans le Code. « Paraîtrait-il trop rigoureux de priver les ascendants de l'usufruit de la réserve? C'est en quelque sorte ne laisser la réserve que pour leurs héritiers : mais, *c'est la faveur du mariage* » (Locré *Tome 11. Page 485.*) Le législateur a obéi à cette idée que l'intérêt des époux,

---

(a) L'ancienne maxime *paterna paternis, materna maternis*, se fût opposée à une pareille solution.

quand il se trouve en conflit avec des intérêts étrangers, doit toujours l'emporter. C'est comme s'il avait dit : En règle générale, la réserve des ascendants consistera dans la pleine propriété : mais, en présence du conjoint, et exceptionnellement, je la limite à la nue propriété!

3e *hyp.* : Le disposant laisse des enfants ou descendants. — L'époux pourra donner à l'autre époux ou un quart en propriété et un autre quart en usufruit, ou la moitié des biens en usufruit seulement. Il résulte de là que l'époux donataire peut recevoir plus ou moins que tout autre donataire, selon les différentes hypothèses qui se présenteront. Prenons trois enfants : Un étranger reçoit un quart en propriété · l'époux touche en sus un quart d'usufruit. Supposons à l'inverse que le disposant n'a laissé qu'un enfant : l'étranger reçoit moitié des biens en pleine propriété, et l'époux (si l'on s'en tient à la lettre de l'article 1094) ne reçoit qu'un quart en propriété et un quart en usufruit. Mais, voilà précisément la question. Faut-il s'en tenir à l'article 1094 et déclarer sa quotité uniforme, invariable, dans toutes les hypothèses, sans distinction? Faut-il au contraire étendre cette quotité et compléter l'article 1094 par l'article 913. Il est peu de questions qui aient soulevé autant de controverses : la doctrine et la jurisprudence dénotent à cet égard une lutte qui est loin d'être terminée.

1er système : La quotité de l'article 1094 est uniforme, invariable. — Et d'abord, une loi réside dans son texte impératif. Peu nous importe qu'il y ait eu discussion, élaboration de cette loi : nous n'avons point à nous occuper des citations qui ont été faites lors de sa confection, des opinions qui ont été émises à ce moment. Les opinions, les citations, les antécédents ne sont ici d'aucune valeur, d'aucun poids, puisque le texte est précis, formel, impératif. (En ce sens, Bayle-Mouillard sur Grenier, page 104.)

2° Sous l'article 913, le législateur a établi les principes qui régissent la réserve de droit commun : sous l'article 1094, il a tracé d'autres règles. Il a consacré un article spécial à la quotité disponible entre époux, précisément parce que le doute aurait pu s'élever. C'est donc à l'article 1094 qu'il faut s'en référer ; ce texte est spécial, il est placé au titre même des *Donations entre Epoux* : on ne saurait en sortir, sans agir arbitrairement.

3° L'article 1099 suffirait à lui seul pour décider la question. « Les époux, porte cet article, ne pourront se donner indirectement au delà de ce qui leur est permis par les dispositions *ci-dessus* ». C'est dire : tout ce qui excédera les termes de l'article 1094 sera non avenu.

4° S'il faut des considérations morales à l'appui de ce système, on verra qu'elles abondent. En effet, en étendant outre mesure la quotité disponible entre époux, vous encouragez, vous facilitez les seconds mariages, vous préparez une dot pour une nouvelle union, et il est fort à craindre que les biens laissés par l'époux prédécédé, « au lieu de profiter à son enfant orphelin, ne passent aux enfants d'un second lit ! » (En ce sens ; Grenier, p. 104. Troplong. N° 2560. Toullier, art. 1094. Vazeille N° 47. *Successions et donations.* Riom, 8 Mars 1842. Montpellier 8 Mars 1843. *Cassation. Rejet,* 3 Décembre 1844).

Second système. — Quel que soit le respect qu'inspirent les décisions de la cour Régulatrice, l'opinion contraire a trouvé de nombreux partisans : elle a été généralement adoptée dans la doctrine et dans les Ecoles, comme étant plus équitable et plus conforme à l'esprit de la loi. Nous allons passer en revue les divers arguments qui ont été produits à l'appui.

1e L'article 1094 n'a pas entendu priver l'époux donataire du bénéfice du droit commun, lorsque le disponible ordinaire lui est plus favorable que le disponible exceptionnel. Il est impossible qu'il ait voulu traiter le conjoint donataire plus durement qu'un étranger !

2e L'esprit de notre législation, aussi bien dans les lois que dans les projets de lois, se montre éminemment favorable aux libéralités entre époux. La loi de Nivôse an II, qui voulait tout réédifier en abattant tout, avait elle-même respecté la faveur du mariage, et nous savons que le disponible entre époux excédait en l'an II le disponible ordinaire.

3° Quels inconvénients présente notre système ? Aucun. Y a-t-il un obstacle sérieux à ce qu'un époux invoque à son profit les termes de l'article 913 ? Non. Les enfants ne retrouveront-ils pas dans la succession du donataire une portion de biens considérable, sur laquelle ils ont eux-mêmes une réserve ? N'est-il pas plus équitable de diriger vers un but honnête, régulier, avantageux, une libéralité souvent mal inspirée et dont le résultat serait de faire passer en des mains étrangères une fortune qui doit rester à la famille ? Vous voulez que l'autorité du survivant soit puissante et efficace : vous voulez qu'il ait en sa main des moyens de punir et de récompenser et qu'il puisse au besoin réparer certaines inégalités produites par les caprices du sort! Laissez donc ces moyens à sa disposition, et ne l'empêchez pas de demander au droit commun une part que rendrait souvent bien minime l'article 1094 !

4° Je vais plus loin. L'article 1094 ne s'oppose nullement à cette solution ; ses termes sont extensifs : l'époux *pourra.....* Si le législateur eût voulu créer des prohibitions, des restrictions, il eût employé les termes de l'article 1098 : l'époux *ne pourra* donner *que.....*

5° A nos yeux, l'argument tiré de l'article 1099 renferme une pétition de principe. « Les époux ne pourront se donner au delà de ce qui leur est permis par les dispositions ci-dessus. » Or, nous cherchons précisément quelle est la quotité qu'ils peuvent se donner ! Quand elle sera démontrée fixe, invariable, vous pourrez alors invoquer l'article 1099, et défendre aux époux d'excéder cette quotité. Mais elle est précisément en question et nous en cherchons le taux : votre article 1099 ne signifie donc rien. J'admets parfaitement cet article, mais je lui trouve un sens plus naturel, moins recherché. « Les époux ne pourront se donner *indirectement.....*» C'est donc uniquement la voie détournée, la voie frauduleuse, que le législateur veut atteindre : or, ce n'est pas prendre une voie frauduleuse que de recourir au droit commun.

6° Les partisans du premier système redoutent de voir les biens laissés par l'époux donateur passer aux enfants d'un second mariage. Nous leur répondons que si la quotité disponible était abandonnée à un étranger, les enfants du premier lit auraient bien plus à souffrir encore. En effet, n'ont-ils pas ici une réserve sur les biens du conjoint remarié et l'article 745 n'est-il pas là, assurant à tous les enfants, bien qu'issus de différents lits, le bénéfice de l'égalité?

7° Ouvrons les travaux préparatoires. Nous les jugeons fort utiles en maintes circonstances; ils donnent la clef d'une foule de questions qui, sans eux, seraient encore fort énigmatiques, pour ne pas dire insolubles. Les partisans de l'opinion contraire qui déclinent ici leur force probante, sont peut-être très heureux de les invoquer dans une multitude de cas.

Dans l'article du projet correspondant au nôtre, le disponible ordinaire était invariablement d'un quart : Au contraire le disponible exceptionnel se composait en plus d'un quart d'usufruit. L'intention d'élargir le cercle des dispositions entre époux était donc évidente, puisque *dans tous les cas* l'époux avait droit à une quotité plus forte que l'étranger (*a*). Arrivés à l'article 1094, les rédacteurs en avaient assez : ils laissèrent passer l'article sans amendement, ainsi qu'il est rédigé. La discussion, bien qu'éteinte, n'en fut pas abandonnée et on se proposa d'en reparler plus tard. C'est effectivement ce que l'on fit sous l'article 1098. M. Berlier fait alors observer qu'en accordant au nouvel époux la faculté de recevoir une part d'enfant, il est peut-être convenable de modifier la règle (*b*) : car, s'il n'y avait qu'un enfant ou deux du pre-

(*a*) Projet Jacquemimot.

(*b*) Allusion à une proposition du consul Cambacérès. Fenet, tom. 12, p. 416, 417.

mier mariage, et point du second, le nouvel époux pourrait, en partageant avec eux, avoir soit la moitié, soit le tiers de la succession. — Il résulte de ces paroles que, dans l'esprit de M. Berlier, l'article 1094 n'était point un obstacle à ce qu'un époux pût recevoir, selon les cas, soit la moitié, soit le tiers de la succession.

8° Certaines personnes ont encore argumenté du texte même de l'article 1094. « Si le disposant laisse *des enfants,* la quotité sera d'un quart en propriété et d'un quart en usufruit. » Par conséquent, a-t-on dit, s'il laisse *un enfant,* il faut rentrer dans la règle, c'est-à-dire appliquer l'article 913. Ce raisonnement nous paraît trop littéral : il repose uniquement sur des mots, et nous ne l'avons cité que pour compléter la liste des arguments qui ont été produits à l'appui de ce second système. (En ce sens : Zachariæ, p. 205, 206. Aubry et Rau, note 5. M. Benech, professeur de droit à la Faculté de Toulouse, *Traité de la quotité disponible entre époux.* M. Valette, article publié dans le journal *le Droit,* le 11 mars 1846.)

La quotité établie par notre texte se compose soit d'un quart en propriété et d'un quart en usufruit, soit de moitié en usufruit. Ces mots *en propriété* ont soulevé une question qui, à notre avis, n'en est pas une. On a prétendu que *propriété* n'est pas synonyme de pleine *propriété.* La Cour de Bruxelles, dans un arrêt à la date du 21 juillet 1810, a fait justice de cette prétention. « Attendu que la propriété, dans la signification grammaticale, consiste dans le droit de disposer d'une chose, ce qui emporte le droit d'en avoir la jouissance et l'usage... » D'ailleurs, quand la loi entend parler d'une propriété qui n'est pas pleine et entière, elle a bien soin de dire : *nue* propriété.

Quelle est l'utilité du second *maximùm* de l'article 1094, en présence du premier ? N'est-il pas évident qu'il y a plus dans un quart en propriété et un quart en usufruit que dans la moitié en usufruit seulement ? D'abord, l'utilité de ce second maximùm est évidente, si l'on décide que l'option entre les deux appartient aux héritiers du donateur : ces héritiers choisiront en effet la moindre quotité. (La question sera traitée plus loin.) En second lieu, et abstraction faite de l'option, l'utilité du second membre de phrase est incontestable « en ce que cette limitation à la moitié de l'usufruit empêche de rendre stérile le patrimoine des enfants durant la vie de leurs parents, s'ils pouvaient avoir la jouissance de la plus grande partie des fruits. » — (Arrêt de Bruxelles, déjà cité.)

Si l'article 1094 n'eût pas fixé invariablement le don d'usufruit, l'époux aurait pu gratifier son conjoint d'une portion d'usufruit équivalente au quart en propriété et au quart en jouissance, et de cette façon eût souvent rendu stérile et improductif le patrimoine des enfants. (Grenier, p. 130.)

A qui appartient l'option dont nous avons parlé tout à l'heure ? Est-ce au conjoint donataire, est-ce aux héritiers du donateur ? L'un des époux a disposé au profit de l'autre sous l'alternative indiquée par l'article 1094, mais sans lui déférer le choix. M. Zachariæ prétend que les héritiers de l'époux disposant auront, dans l'espèce, la faculté de délivrer l'une ou l'autre des deux quotités.

(page 207.) M. Grenier reprend l'hypothèse : il faut
supposer, dit-il, que le disposant n'a pas numériquement
déterminé le montant de la donation. Exemple : Je donne
à mon époux ce que la loi me permet de lui donner. Dans
l'espèce, le donateur ayant fait le don dans des termes
larges, indéfinis, *sans exercer le droit qu'il avait de déterminer ceux des objets qui seraient délivrés*, il est indispensable de conclure qu'il a laissé le choix à ses héritiers qui sont *subrogés* à ses droits et qui agiront en considération du *quid utilius.* (page 439.) Nous préférons
l'opinion enseignée par M. Delvincourt : elle est plus en
harmonie avec l'esprit qui a présidé à la liberalité. En
donnant tout ce dont la loi lui permet de disposer, le but
de l'époux a été d'atteindre le taux le plus élevé des deux.
En matière de libéralités, l'intention doit être largement
appréciée, et pour que cette intention soit respectée, il
est indispensable que l'option appartienne au conjoint
donataire.

Devons-nous appliquer au disponible des époux l'article 917 du Code Napoléon ? En un mot, quand un époux
a disposé en faveur de l'autre d'une quotité d'usufruit
supérieure à la moitié, les légitimaires doivent-ils soit
exécuter intégralement la disposition, soit abandonner
au donataire le disponible le plus élevé? Ou bien, faut-il
seulement réduire la libéralité à la moitié de l'usufruit ?
Nous pensons qu'il faut simplement la réduire à ce taux.
L'article 917 a été édicté dans le but d'éviter des difficultés de calcul et les procès qui en sont la suite, attendu
qu'en droit commun le maximùm des dons d'usufruit
n'est pas déterminé. Mais ici, il n'y a à redouter aucune

difficulté : le disposant a donné une quotité d'usufruit
trop considérable ; rien n'est donc plus rationnel que de
rentrer dans les termes de l'article 1094 qui, en prévision
des embarras possibles, probables même, est précisément
venu limiter les dons d'usufruit. (*Angers,* 8 juillet 1840.)
L'époux qui a reçu une portion d'usufruit trop considérable est-il admis à invoquer l'autre maximum ? Peut-il
dire : Mon conjoint a dépassé en ma faveur l'un des deux
maximum ; son intention est donc de m'avantager dans
les limites du disponible le plus élevé ? Non : sa prétention serait repoussée par d'autres motifs, fondés également sur l'intention du donateur. Les héritiers de ce dernier seraient en droit de lui répondre qu'un don d'u-
sufruit, même excessif, ne correspond jamais à un don
de propriété ; que le donateur a voulu conférer un avantage éventuel, précaire, subordonné à maintes chances
d'extinction ; que la nature du don montre suffisamment
que la propriété ne doit pas échapper à la famille. Le disposant avait la faculté de donner un quart en propriété et
un quart en usufruit : s'il ne l'a pas fait, c'est pour certains motifs, sérieux ou non, dans lesquels l'appréciation
ne doit pas descendre.

L'époux, donataire d'un usufruit portant sur la réserve
des héritiers, n'est pas assujetti à la formalité prescrite
par l'article 601 : on peut sans inconvénient le dispenser
de fournir caution. *Et sanè non amarè..., sed ut inter
conjunctos maximo affectu !* Si le mari donateur n'a pas
exigé de sa femme la caution de l'article 601, il est naturel de supposer que le défaut de cautionnement ne présente aucun danger sérieux, et les enfants sont tenus de

respecter une volonté qui a dû veiller à leurs intérêts. Ces enfants se défieront-ils de leur mère? Ne trouvent-ils pas dans cette affection maternelle la garantie suffisante d'une bonne et honnête gestion? (Cassation, 17 mai 1843). Quant à la dispense de faire inventaire, elle serait nulle et non avenue; l'article 600 a quelque chose de plus impératif que l'article 601. « L'usufruitier *ne peut* entrer en jouissance qu'après avoir fait dresser un inventaire. » Nous n'y lisons pas qu'il soit facultatif de dispenser d'une pareille obligation.

Avant d'en finir avec la quotité d'usufruit, une dernière observation est nécessaire. Nous verrons plus loin que la combinaison des deux disponibles donne lieu à des évaluations d'usufruit : il faut nécessairement l'estimer, afin de savoir si le disposant a excédé, par l'ensemble des libéralités, les bornes du disponible le plus élevé. Pour couper court aux difficultés qui peuvent surgir à l'occasion de ces évaluations, les Cours impériales et la Cour suprême ont consacré une règle assez sage, dont la loi du 22 frimaire an VII a donné l'idée. Le Code n'ayant pas établi de proportion exacte entre la valeur de l'usufruit et celle de la propriété, fallait-il estimer, dans chaque espèce, la valeur du quart en usufruit, d'après l'âge et l'état sanitaire de l'usufruitier? La jurisprudence a mieux aimé prendre un type unique de comparaison : elle évalue l'usufruit à la moitié de la propriété, évaluation adoptée par la loi de Frimaire pour la perception des droits d'enregistrement. (Toulouse, 20 juin 1809, 13 août 1810. Chambre des requêtes 21 juillet 1813). Cette conversion est-elle juste? Sans aucun doute. D'abord, elle ne présente aucun danger, puisqu'elle n'est que fictive : elle n'a lieu que pour faciliter une évaluation, un calcul qui, sans elle, seraient fort difficiles à faire. En fait, on ne convertit pas l'usufruit en propriété : ou se borne à l'estimer. « La conversion ne change pas la nature du don, elle en recherche l'étendue. » (Troplong, n° 2603, Toullier n° 871, Aubry et Rau, *note* 19 § 689.) Quelques personnes soutiennent cependant que l'on ne doit convertir l'usufruit en propriété que lorsqu'il est impossible d'opérer autrement. Un moyen qui souvent suffira consiste à décomposer la propriété en nue propriété et en jouissance. Dans tous les cas, les tribunaux jouiront d'un pouvoir discrétionnaire, eu égard aux mille circonstances de fait. (Riom, 23 août 1842. Cassation 7 janvier 1824).

CONCOURS DU DISPONIBLE ORDINAIRE ET DU DISPONIBLE EXCEPTIONNEL.

Le disponible exceptionnel peut concourir avec le disponible ordinaire : c'est un point hors de doute. En principe donc, les dispositions faites au profit du conjoint et celles faites à des étrangers seront maintenues. (Nous verrons plus loin quelles restrictions il convient d'apporter à cette règle). La question est plus délicate, quand on se demande si les deux disponibles peuvent se cumuler. Une seule Cour, la Cour d'Agen, dans un arrêt à la date du 27 août 1810, a consacré la théorie du cumul. Cette tentative n'a pas eu de succès, et l'arrêt est demeuré isolé. Il suffit d'un exemple pour établir l'iniquité d'un principe qui aboutit à des résultats inadmissibles. Le disposant laisse un enfant; il a donné à un étranger la moitié de ses biens en toute propriété; s'il pouvait encore gratifier son conjoint d'un 1/4 en propriété et d'un 1/4 en usufruit, que resterait-il à l'enfant réservataire ? Un 1/4 en nue propriété et la réserve serait pour ainsi dire illusoire. Le disposant laisse un ascendant.— Le résultat serait plus inadmissible encore ; car il pourrait donner à l'étranger 3/4 en toute propriété et à l'époux un 1/4 en propriété, plus un 1/4 en usufruit. De cette façon, la réserve ne serait plus seulement illusoire, elle serait anéantie ! Les deux disponibles ne sauraient donc concourir dans toute leur étendue : mais, dans quelle limite le concours est-il possible ? Quelles règles formuler à cet égard ? Un système consacré par une jurisprudence constante, système auquel la doctrine a donné une adhésion parfaite, consiste à dire qu'il faut réduire d'abord les libéralités excessives, faites cumulativement, au taux du plus fort disponible : sauf à opérer plus tard une seconde réduction partielle. Il faut en un mot concilier les deux dispositions faites à l'étranger et à l'époux, les exécuter cumulativement, mais de manière à *expédier* le plus fort disponible. (Toulouse 20 juin 1809). Toutefois, quand aura lieu la répartition, on devra veiller à ce que chacun des donataires ne reçoive que sa quotité respective. Ainsi, la première réduction sera générale; la seconde sera partielle. (En ce sens : Vazeille, Toullier, Grenier, Delvincourt, Duranton, Troplong, Coin-Delisle.)

Parcourons quelques espèces qui feront ressortir les conséquences du principe que nous venons de poser.

1° Primus a épuisé déjà le disponible le plus élevé : il n'y a plus de disponible pour lui.

2° Secundus a deux enfants : il donne à l'un d'eux, à titre de préciput, le tiers de sa fortune ; puis, dans un testament postérieur, il dispose au profit de son époux d'une portion d'usufruit. Le don du tiers (ou quatre douzièmes) fait au préciputaire, sera maintenu, car il n'excède pas la quotité de l'article 913. D'autre part, ce don des $4/12^{mes}$ restreint considérablement la quotité de l'époux. En effet, quelle eût été *à priori* la quotité de l'époux? Elle eut été d'un 1/4 en propriété soit $3/12^{mes}$ et d'un 1/4 en usufruit, soit $1/12^{me}$ et demi : total : $4/12^{mes}$ et demi. (*Evaluation indiquée par la loi de Frimaire*). De ce total déduisons les $4/12^{mes}$ dont Secundus a primitivement disposé, et la part du conjoint sera d'un demi-douzième, c'est-à-dire d'un vingt-quatrième. (Toulouse, 20 juin 1809).

3° Tertius laisse un ascendant. Il lègue à un étranger les 3/4 de son patrimoine en toute propriété et l'usufruit du dernier quart à son époux, conformément à l'article 1094, alinéa 1er. L'un et l'autre legs seront intégralement exécutés. Réciproquement : il donne les 3/4 à son époux : peut-il gratifier l'étranger de l'usufruit de la réserve : M. Zachariæ soutient l'affirmative, p. 213. C'est à tort, nous le croyons. M. Zachariæ invoque au profit de l'étranger un disponible qui n'a point été créé pour lui et dont l'époux peut seul se prévaloir. En outre, il nie par là même l'influence que doit avoir sur les libéralités l'ordre chronologique, et nous verrons bientôt que cet ordre est pris en grande considération.

4° Quartus, qui laisse un enfant, a donné à un étranger la nue propriété de la moitié de ses biens ; postérieurement, il fait à son conjoint donation de l'usufruit de la même moitié. L'enfant n'a pas à se plaindre. D'une part, le plus fort disponible n'est point outre-passé ; d'autre part, chacun des donataires a reçu dans les limites de son disponible respectif.

5° Il y a trois enfants ou un plus grand nombre. Le père qui ne pouvait donner à l'étranger au delà d'un 1/4 en toute propriété, peut donner à l'épouse un 1/4 d'usufruit en sus, nous le savons. Dans ce cas, il peut ne donner à l'épouse que l'usufruit de la moitié et à l'étranger la nue propriété d'un quart. Cette combinaison n'excède pas le plus fort disponible et aucun des donataires n'a plus qu'il ne peut recevoir.

6° Dans son contrat de mariage, un mari fait à sa femme donation de la moitié de ses biens. Plus tard, le mariage fait naître un enfant ; la libéralité se trouve alors excéder le disponible conjugal (du moins dans l'opinion de ceux qui considèrent comme fixe et invariable la quotité de l'article 1094). Le mari peut-il, opérant une espèce de *réduction mentale* (a) donner à un tiers la somme qui produit l'excédant, c'est-à-dire la nue propriété du quart ? Cette combinaison est attaquée au moyen d'une double objection, dont nous reconnaissons la gravité. Et d'abord, quelle est la quotité disponible, dans l'hypothèse d'un seul enfant ? La quotité, c'est la moitié des biens ; or cette moitié a été l'objet d'une donation précé-

_____

(a) Troplong.

dente ; elle a été épuisée et l'étranger ne peut plus y
prétendre. En second lieu, l'article 921 dispose que les
donataires et légataires ne peuvent ni demander la réduction, ni en profiter. Dans l'espèce, nous dit-on, vous
faites profiter de la réduction le tiers donataire, et cette
réduction, l'enfant réservataire peut seul la demander
(Bordeaux, 2 avril 1852). On réfute ces objections, en
disant que l'article 921 n'a point ici d'application. Il a
été édicté pour le cas où il n'y a qu'une seule quotité disponible. Dans l'hypothèse, il y en a deux, et il faut les
concilier. Or, quand un époux prodigue à son conjoint
bienfaits et libéralités, quand sa générosité se déploie
outre mesure, quand il dépasse le taux du disponible
exceptionnel, il empiète *non pas sur la réserve mais sur la
seconde quotité disponible* (Troplong. N° 2586), Mrs Aubry
et Rau ne sont pas moins explicites. « L'étranger, disent-
ils, prétend bien moins profiter d'une pareille réduction,
qu'il ne cherche à conserver ce dont le défunt pouvait
disposer en sa faveur. » (En ce sens : Troplong, *loco citato*.
Zachariæ, p. 168, Duranton, art. 1094, Bayle-Mouillard
sur Grenier, p. 123, 124, Benech, p. 373, Toulouse,
1er février 1827, Grenoble 19 mai 1830. En sens contraire : Toullier n° 883, Coin-Delisle, art. 1094, n° 16).

On s'est demandé quelle influence peut avoir l'ordre
chronologique sur l'ensemble des dispositions. M. Zachariæ a nié cette influence : suivant cet auteur, il n'y a pas
de distinction à établir entre le cas où la libéralité faite
en faveur du conjoint est postérieure ou antérieure aux
autres dispositions. Qu'elle soit postérieure, antérieure,
concomitante, peu importe. La majorité des auteurs ne

l'a point suivi dans cette voie. En principe donc, si l'époux a été gratifié le premier dans la mesure de l'article 913, nous devons décider que le disponible ordinaire est épuisé et que toute libéralité est postérieuremeut impossible en faveur d'un tiers. Cette solution est une déduction rigoureuse de la spécialité de l'article 1094. Prenons l'hypothèse de trois enfants. Le conjoint a-t-il reçu d'abord un quart en pleine propriété, toute prétention de l'étranger donataire sera repoussée, par ce motif que le disponible ordinaire est épuisé et que l'article 1094 ne le concerne pas. A l'inverse, cette valeur a-t-elle été donnée d'abord à l'étranger : le conjoint donataire, invoquant la spécialité de l'aticle 1094, aura la faculté de réclamer la différence qui existe entre le quart précédemment donné et le maximum le plus élevé de l'article 1094. On pouvait me gratifier de ce maximum en entier, dira-t-il : on peut par conséquent me gratifier d'une quotité moindre, c'est-à-dire de la *différence*, que je réclame ! Tel est le système consacré par de nombreux arrêts de cassation (21 mars 1837. 24 juillet 1839. 22 novembre 1843. — *Junge* : Besançon, 7 février 1840. Douai, 24 février 1840. En ce sens : Troplong, Benech, Bayle-Mouillard sur Grenier, Duranton, Proudhon. En sens contraire : Aubry et Rau, p. 211, *note* 17). Ce système n'a rien que de fort raisonnable. En premier lieu, il défend de communiquer à un étranger une extension toute spéciale. Mais, en fait, objectent les partisans de l'opinion contraire, qu'importe aux enfants que la quotité exceptionnelle appartienne à tel ou tel donataire ? Qu'importe la distribution, la répartition qu'en a faite le donateur ? Il importe beaucoup.

D'abord, quand l'excédant de l'article 1094 sur l'article 913 appartient à leur *mère*, les enfants ont tout lieu d'applaudir à la libéralité, puisqu'ils sont héritiers présomptifs de la donataire. Au contraire, cet excédant est-il donné à un tiers, il sort du patrimoine de la famille. En second lieu, étendre en faveur de l'étranger l'article 1094, lui communiquer par exemple le don d'une portion d'usufruit, n'est-ce pas déranger les calculs de la loi? Les nus propriétaires de cette portion d'usufruit, c'est-à-dire les réservataires, ont mille raisons de préférer à un donataire étranger, peut-être fort jeune, un usufruitier déjà d'un certain âge, et qui a de plus qu'eux une génération.

RÉDUCTION.

Il y a lieu de réduire dans plusieurs hypothèses. 1° L'ensemble des dispositions n'excède pas le disponible exceptionnel, mais cependant les libéralités faites aux tiers dépassent le taux fixé par les articles 913 et suivants. Dans l'espèce, la réduction s'opère suivant les formes de droit commun et abstraction faite de ce que l'époux peut recevoir. Nous savons pourquoi : c'est que l'article 1094 est un texte que le conjoint a seul le privilége d'invoquer. 2° Les dispositions faites à des tiers excèdent le disponible ordinaire, et en outre, la réunion de toutes excède le disponible exceptionnel. Dans l'espèce, on procède à deux réductions successives. La première atteint les libéralités excessives faites aux tiers : si, par l'effet de ce premier retranchement, le total des dispositions n'excède plus le disponible privilégié, on exécute la volonté du donateur jusqu'à concurrence de ce disponible privilégié. S'il y a encore excès, on a recours à une seconde réduction (Zachariæ.) Mais, ici commence la difficulté : comment s'opèrera-t-elle? Ecartons de suite les points qui ne sont ni contestés, ni contestables. Y a-t-il à la fois des legs et des donations : le mode de retranchement sera celui de l'article 923 ; le retranchement portera sur les legs. Y a-t-il plusieurs donations successives : on atteindra la plus récente, en remontant ainsi de suite jusqu'à la première (art. 923 *in fine.*)

Arrivons au point douteux. Les dispositions sont toutes contenues dans un même testament, c'est-à-dire dans un acte qui a une date, une nature et des résultats uniques. Quel sera le mode de réduction? A cet égard, deux systèmes principaux sont en présence.

1er Système. — L'époux et l'étranger ont reçu (je le suppose) une somme égale. — On forme la masse disponible la plus forte, soit : un 1/4 en propriété et un 1/4 en usufruit $= 4/12^{mes}$ et demi. Le conjoint commence par se payer sur son quart d'usufruit que la faveur légale lui attribue spécialement. Il prend d'abord $1/12^{me}$ et demi (c'est-à-dire la valeur d'un quart en usufruit.) Reste un quart en propriété, c'est-à-dire $3/12^{mes}$ sur lesquels le conjoint prend encore les 3/4 d'un douzième. En somme, il touche $2/12^{mes}$ et un quart. L'étranger touche également $2/12^{mes}$ et un quart, ce qui épuise la quotité exceptionnelle que nous avons fixée hypothétiquement à $4/12^{mes}$ et demi.

Ce système place dans une parfaite égalité les deux légataires et la réduction s'opère au marc-le-franc. Il applique à la lettre les articles 926 et 927 qui exigent que la réduction s'opère ainsi, à moins que le testateur n'ait manifesté une volonté contraire (En ce sens : Zachariæ Toullier. Coin Delisle. Troplong.)

2ᵉ système. — L'époux et l'étranger ont encore reçu un legs égal, et le plus fort disponible (je le suppose toujours) est d'un 1/4 en propriété et d'un 1/4 en usufruit = 4/12ᵐᵉˢ et demi. On fait abstraction du quart en usufruit, et l'on réduit proportionnellement, non plus d'après le disponible le plus élevé, mais d'après le plus faible, c'est-à-dire d'après celui qui est commun. Dans l'espèce, on fait abstraction d'un douzième et demi et la réduction s'opère proportionnellement sur 3/12ᵐᵉˢ. Cela fait, on restitue à l'époux l'excédant de son disponible sur l'autre. Ce système appartient à Mʳ Delvincourt. Tome II p. 221. Il semble à Mʳ Delvincourt que le principe le plus juste et le plus général est de considérer les deux légataires comme conjoints et comme concurrents, relativement au disponible qui leur est commun, c'est-à-dire 3/12ᵐᵉˢ dans l'espèce prévue. Quant au surplus, il fait retour à celui en faveur duquel la plus grande disponibilité est établie.

Dans cette opinion, le conjoint est favorisé outre mesure. Après avoir concouru avec l'étranger pour tout le montant de sa donation, il jouit encore d'un droit exclusif sur une certaine portion. Ce procédé serait sans doute une bonne règle, si la loi l'établissait : n'étant pas légal, il n'a que la valeur d'une opinion personnelle.

Le premier de ces deux systèmes, bien que peu favorable à l'époux, nous semble néanmoins le plus logique. D'abord, il a recours à un mode de réduction inscrit dans la loi, mode qu'on ne peut par conséquent taxer d'arbitraire. Le principe en cette matière est tout entier dans

les articles 926 et 927 ; et la réduction des legs s'opère au
marc-le-franc à moins d'une volonté contraire. Aussi,
Mrs Toullier et Zachariæ sont-ils fort explicites : à leurs
yeux, il n'existe aucune raison sérieuse de s'écarter ici
des principes généraux. « Le jugement qui réduirait autrement violerait un article du code et serait sujet à cassation ! » (Toullier. Tome 5, n° 872.) Au fond, le système est équitable : il respecte les intentions du défunt,
qui, en combinant dans un même testament plusieurs
dispositions d'une valeur égale, a voulu placer sur la
même ligne les deux bénéficiaires. Pourquoi cette inéga-
lité dans la réduction, alors que le testament démontre au
contraire une parfaite égalité? Et même en les instituant
autrement que pour des parts égales, n'est-il pas évident
que le testateur a voulu que la réduction, en cas d'excès,
les atteignît proportionnellement? Il pouvait user de la
faculté dont parle l'article 927 : il pouvait soumettre l'un
des legs à la réduction, préférablement à l'autre. S'il n'a
rien dit, pourquoi interpréter son silence ? Notons en fi-
nissant que le premier système respecte la spécialité de
l'article 1094. Il est une quotité d'usufruit qui constitue
le privilége exclusif de l'époux : or, dans l'hypothèse, tout
en ne recueillant qu'une part égale ou proportionnelle à
la part de l'étranger, l'époux prélève ses paiements sur
cette quotité usufructuaire : tout est donc régulier (*Nec
obstant* : Turin 15 avril 1810. Agen 27 août 1810.)

QUOTITÉ DISPONIBLE, DANS L'HYPOTHÈSE DE PLUSIEURS MARIAGES.

« L'expérience de tous les temps a prouvé combien la loi devait veiller à ce qu'un second époux ne pût trop préjudicier à des enfants dont l'origine ne laisse souvent que des souvenirs importuns ! »

C'est en ces termes que Mr Jaubert exprimait au Tribunat l'appréhension bien naturelle de la loi, à l'approche d'un convol. Les législations précédentes avaient eu les mêmes appréhensions et la même prévoyance. Inutile de rappeler les fameuses constitutions *Feminæ quæ*, *Generaliter*, *Hâc edictali* : inutile de répéter ici que l'Edit des secondes noces en décréta l'application dans tout le Royaume.

En présence de tels antécédents, le code Napoléon ne pouvait mieux faire que de reproduire cet édit de 1560, dont l'illustre l'Hôpital avait posé les bases et dont une expérience séculaire avait démontré l'opportunité. Néanmoins, des deux chefs de l'Edit, le code n'en reproduit qu'un seul, celui qui restreint la faculté de gratifier le nouvel époux. Il nous manque le chef qui réservait aux enfants du prédécédé les biens que le survivant tenait de sa libéralité. Le législateur moderne a sans doute pensé que cette charge de conserver et de rendre renfermait une substitution : il a craint qu'un semblable *fideicommis* ne frappât de main-morte une quantité de biens dont l'intérêt social exige impérieusement la circulation ! C'est en vain que certains auteurs, déplorant cette lacune, se sont

écriés : « Heureuse l'ancienne substitution qui empêchait
l'abus de confiance et remettait les choses dans l'ordre
naturel ! » (Vazeille, art. 1098.) Nous respectons les décisions du code, surtout quand elles concilient avec autant
de sagesse l'intérêt général et l'intérêt des enfants du premier mariage.

Article 1098. « L'homme ou la femme qui, ayant des
enfants d'un autre lit, contractera un second ou subséquent mariage, ne pourra donner à son nouvel époux
qu'une part d'enfant légitime le moins prenant ; sans
que, dans aucun cas, ces donations puissent excéder le
quart des biens. »

Observons en premier lieu que l'article, n'établissant
aucune distinction, s'adresse aussi bien aux donations
contractuelles qu'aux donations faites pendant le mariage. — Sous l'expression *d'enfants*, quelles personnes
la loi comprend-elle ? Les enfants naturels, les enfants
adoptifs seraient-ils recevables à demander la réduction ?
Relativement aux seconds, des doutes sérieux auraient
pu s'élever : l'article 350 leur confère en effet sur la succession de l'adoptant les mêmes droits qu'y aurait l'enfant
né en mariage. Nous pensons que ce sont ces doutes
même que le législateur moderne a voulu prévenir, en
se servant de l'expression d'enfant *légitime* le moins prenant. C'est à la faveur du précédent mariage et de la postérité *légitime* qui en est issue, qu'il limite à une faible
portion le disponible nouveau. D'ailleurs, il ne résulte
pas de l'article 350 que l'enfant adoptif puisse invoquer
les dispositions de notre texte. Pour s'en prévaloir, il ne
suffit pas que la loi l'assimile à l'enfant légitime ; il faut

de plus qu'il soit issu du précédent mariage. En ce qui concerne l'enfant légitimé, les auteurs sont moins sévères. La légitimation, disent-ils, à l'aide d'une utile fiction, fait considérer le légitimé comme issu du mariage même : en conséquence, il rentre sous l'application de l'article 1098 (a). Pour fixer la part de l'enfant le moins prenant, nous aurons donc égard aux enfants légitimes seulement ; mais nous ne distinguerons pas entre les enfants de différents lits. Les lois anciennes relatives à la fixation de la part d'enfant plaçaient sur la même ligne *et natos et nascituros.* (Grenier.) L'Edit des secondes noces consacra ces principes, et rien ne prouve que le législateur moderne ait voulu innover. Bien au contraire, il a manifesté dans deux textes, à deux reprises différentes, son intention formelle de considérer les enfants, eu égard au nombre de têtes, sans distinction de lits. Le premier de ces textes, c'est l'article 745 ; le second, c'est notre article 1098 lui-même. Le point de départ, pour déterminer le disponible, c'est, *sans distinction,* la part de l'enfant légitime le moins prenant.

Nous avons jusqu'à présent raisonné dans l'hypothèse où le précédent mariage a laissé des enfants légitimes au premier degré. Que décider, s'il y a des descendants d'un enfant prédécédé ? Si nous mentionnons cette question, c'est qu'elle a donné dans l'ancien droit matière à controverses.

1re *Hypothèse :* Si les petits enfants concouraient avec un oncle ou une tante, ils ne prenaient que la part affé-

---

(o) Quant à l'indigne, au renonçant, ils sont étrangers à la succession.

rente à leur souche, et la quotité du nouvel époux se calculait sur la part afférente et non sur la part subdivisée. 2ᵉ *Hypothèse :* Si l'enfant du premier degré était prédécédé, s'il n'y avait que des petits enfants, la quotité de l'époux se calculait sur la part subdivisée. (Novelle 118. cap. 1ᵉʳ.) En résumé, les petits enfants étaient réputés succéder par tête, et sans le secours de la réprésentation. Sous le Code, toute distinction est devenue impossible : l'article 740 est formel et catégorique. Il y a lieu à représentation et au partage par souches qui en est la suite, chaque fois que *l'un* des enfants ou que *tous* les enfants sont prédécédés. Un mode de calcul qui subordonnerait la quotité du nouvel époux à l'éventualité *d'un* ou de *plusieurs* décès, pècherait par sa base : il serait variable et arbitraire.

Le nouvel époux, dans le but de déterminer sa part, sera-t-il admis à exiger le rapport d'un enfant non préciputaire? Sans aucun doute. L'article 857 ne renferme pas de sérieuse objection, quand il dispose que le rapport est dû par le *cohéritier* à son *cohéritier.* Dans le fait, le nouvel époux ne demande aucun *rapport :* il demande que l'on veuille bien, *momentanément* et *fictivement,* calculer sa part sur une masse augmentée des dons rapportés. Ce qu'il veut, c'est un point de départ pour la supputation de la quotité qu'il doit recueillir (Zachariæ, p. 226. Grenier, nᵒ 710. Toullier, nᵒ 884. Vazeille, article 1098 nᵒ 19. *Cour de Paris,* 20 *fév.* 1809.) Supposons que soit par l'effet d'une renonciation anticipée, soit par toute autre circonstance, la part de l'enfant le moins prenant ait éprouvé une diminution considérable : le nouvel époux souffrira-t-il de cette diminution? En un mot, l'article 1098 a-t-il pris pour base la part de *droit* ou la part de *fait?* Cette question a fait doute, mais elle est actuellement résolue; l'époux a la faculté de réclamer la part à laquelle l'enfant le moins prenant a des droits. D'abord, une renonciation anticipée renferme un pacte sous succession future; car, nous verrons bientôt que d'une part le droit de l'enfant est un droit à la *réduction* et d'autre part que la réduction n'a lieu qu'au *décès.* En outre, que de fraudes, que de collusions dans l'opinion contraire? Trop souvent hélas! pour ravir à une belle-mère les biens qui font partie de la donation, les enfants du premier lit concerteraient entre eux une renonciation apparente, sauf à restituer, mystérieusement et sous main, l'équivalent de sa part au prétendu dépouillé!

Faut-il faire participer le nouvel époux aux biens provenus du retranchement qu'on lui a fait subir? Il y a dissidence entre les auteurs. Mrs Delvincourt (p. 443.) et Vazeille (p. 358.) soutiennent que la mesure proposée par notre article est fixe et invariable. Quelle est cette mesure? C'est invariablement une part d'enfant légitime le moins prenant, sauf dans le cas particulier où elle excède le quart des biens. Violer cette similitude, négliger ce terme de comparaison, c'est dire ce que la loi ne dit pas : c'est dépasser son but et dénaturer ses termes! (*Contrà :* Grenier, n° 708.)

A quel moment se fixe la part d'enfant? Cette portion se détermine sur la masse totale des biens laissés au *décès.* C'est à cette époque que l'on suppute le nombre des enfants existants et que s'ouvre le droit à la réduction :

10

car il est de règle qu'une action de cette nature ne s'intente qu'après le décès du disposant. Si à ce moment, l'un des enfants était sous le coup d'une peine afflictive perpétuelle, devrait-on le compter? La loi du 31 Mai 1854 nous répond affirmativement; le condamné n'est en effet privé que du droit de recevoir par donation et testament; quant à ses droits *ab intestat*, ils subsistent nonobstant la condamnation. — C'est donc au décès que tout est fixé. Ceci nous amène à nous demander que deviendra le don d'une part d'enfant, lorsqu'au décès il ne s'en présentera aucun. Certaines personnes, jalouses de conserver aux lois romaines leur prestige et leur autorité, ont fixé, dans l'espèce, la part du nouvel époux à la moitié des biens : cette solution est celle de la loi 164 § 1 *de Verb. signific.* *Sed si non fuerit portio adjecta, dimidia pars debetur.* D'autres conférent à l'époux donataire le disponible entier, c'est-à-dire moitié ou les 3/4 selon qu'il y a ou non des ascendants dans les deux lignes : et la totalité des biens, s'il n'y a que des collatéraux. N'est-il pas probable que le disposant, en assignant à son nouveau conjoint la place et les droits d'un enfant, le préfère à des collatéraux? Son intention n'est-elle pas de l'assimiler autant que possible à la personne de l'enfant?(Vazeille, art. 1098.) Nous préférons une troisième opinion, qui nous paraît plus conforme aux termes de l'article 1098. En donnant une part d'enfant, le donateur savait que cette part ne doit *dans aucun cas* excéder le quart des biens; il a donc fait une disposition qui doit rentrer dans la mesure de notre texte. Cette solution trouve sa raison d'être dans la volonté même du disposant, qui n'a vraisemblablement

donné que dans les limites légales. On ne peut soutenir
qu'il ait eu, lors de la donation, le pressentiment du coup
qui devait frapper sa postérité. Cependant, si la disposition portait sur la totalité des biens ou sur une portion
numériquement déterminée, rien n'empêcherait de l'exécuter en son entier. Dans l'espèce, qui pourrait demander
la réduction ? Personne : car, nous le verrons, la loi n'accorde le bénéfice de la réduction qu'aux enfants du précédent mariage. (En ce sens : Grenier N° 683. Troplong
2719. Zachariæ p. 231. Coin Delisle art. 1098 Nos 11 et
12.)

Il y a dissidence sur la question de savoir comment on
doit appliquer la règle de l'article 1098, lorsque le conjoint
ayant des enfants du premier lit, a successivement passé
par différents mariages. On pensait dans l'ancien droit
que tous les conjoints ne pouvaient recevoir collective-
ment au delà d'une part d'enfant. (Ricard, 3e partie
Nos 1321. 1322.)

Cette opinion est suivie par Mrs Toullier, N° 882, Grenier
N° 712, Marcadé, article 1098 N° 3, Vazeille art. 1098
N° 10, Troplong N° 2720, Aubry et Rau p. 230. Note 39.
C'est en ce sens que les constitutions romaines et l'Edit
de 1560 ont toujours été entendus. En outre, serait-il juste
de permettre à un époux d'annihiler par une série de mariages la part afférente aux enfants ? — M. Duranton a
imaginé un second système. Selon lui, il est permis de
donner à chacun des nouveaux conjoints une part d'enfant
le moins prenant, pourvu que l'ensemble des libéralités
successives n'excède jamais le disponible ordinaire.
(N° 804) Le système de M. Duranton est incompatible avec

l'article 1098, qui a fixé un maximum qu'on ne saurait dépasser : ce maximum, c'est le quart. Et le législateur a manifestement prévu dans cet article l'hypothèse des mariages successifs : il suffit, pour s'en convaincre, de le lire attentivement : « L'homme ou la femme qui..... contractera un second ou *subséquent* mariage, ne pourra donner que..... sans que, *dans aucun cas*..... »

Enfin, dans un troisième système, chacun des conjoints successifs peut recevoir une part d'enfant, et tout est régulier pourvu que les libéralités successives n'excèdent pas le 1/4 des biens. (Bugnet, sur Pothier. Tome VI. p. 248.) S'il fallait choisir entre les trois systèmes, c'est certainement à celui de M. Bugnet que nous donnerions la préférence. En premier lieu, il ne heurte pas l'article 1098, puisque le quart des biens ne se trouve jamais excédé. En outre, est-ce que l'article 1098 n'autorise pas implicitement cette solution, en disant que l'époux qui contractera un second *ou subséquent* mariage, ne pourra donner à son *nouvel* époux qu'une part d'enfant le moins prenant? L'article ajoute : sans que, dans aucun cas, *ces donations* puissent excéder le quart. N'est-ce pas dire que tout sera licite, si l'ensemble n'excède pas le quart ?

Il est temps d'expliquer quelle est la nature de cette donation d'une part d'enfant. Cette donation a pour objet une portion des biens laissés au *décès;* elle est un don partiel de succession; aussi, a-t-elle toujours été considérée comme une institution contractuelle. Conséquences : Le nouvel époux sera tenu indéfiniment d'une portion de dettes correspondant à la part qu'il recueille. La disposition sera caduque, si le donataire prédécède. Faut-il dire ici que les enfants du nouvel époux lui seront tacitement substitués ? M. Grenier, adoptant la doctrine de Renusson, l'a soutenue : (N° 684.) mais son avis est demeuré isolé. L'article 1093 est en effet catégorique ; il prohibe cette substitution tacite à laquelle les enfants sont appelés, dans les institutions contractuelles ordinaires. (1082.) Sous aucun prétexte, on ne doit la sous-entendre entre époux : on ne voit pas de raison sérieuse pour éluder, dans le cas qui nous occupe, cette disposition de l'article 1093, dont le but a été de sauvegarder l'autorité domestique du survivant. (Ancelot sur Grenier N° 684. Zachariæ. p. 232. Troplong. N° 2738.)

RÉDUCTION.

Quelles personnes ont droit de la demander ?

S'il y a lieu de réduire, il est reconnu de tout le monde que les enfants du second lit profitent du retranchement, en vertu de l'article 745. Mais le droit de demander cette réduction appartient en propre aux enfants du précédent lit. (*Novelle* 22, c. 27.) Nous en trouvons la preuve dans un texte du contrat de mariage : « Si toutefois la confusion du mobilier et des dettes opérait au profit de l'un des époux un avantage supérieur à celui qui est autorisé par l'article 1098, les enfants *du premier lit* de l'autre époux auraient l'action en retranchement. » (Art. 1496. Voir également l'art. 1527.)

Concluons : 1° que l'époux donateur est sans droit pour

invoquer la réduction ; 2° que les enfants du second lit
sont sans droit et sans action, si ceux du premier sont
tous prédécédés, s'ils renoncent à la succession (art. 785),
s'ils en sont exclus pour cause d'indignité (art. 727). Si
cependant les enfants du premier lit avaient renoncé *ali-
quo dato*, ou gratuitement au profit *d'un seul* des enfants
du second lit (art. 780), l'acceptation serait implicite et
le droit à la réduction ouvert. — Que faut-il décider dans
l'hypothèse où les enfants du premier lit restent dans
l'inaction? Les auteurs ne sont pas d'accord. Suivant la
majorité, il faut distinguer si le droit s'est ou non ouvert
dans la personne des premiers enfants. Par cela seul que
le droit s'est ouvert, il se communique aux enfants du
nouveau mariage, qui peuvent opposer à l'inaction et à la
négligence les droits que leur confère l'article 745. Que
si le droit ne s'est pas ouvert, s'il y a eu de la part du
premier lit renonciation non frauduleuse, les enfants du
second mariage auraient mauvaise grâce à attaquer la
donation qu'a faite à leur *mère* l'époux remarié. (Ancelot
sur Grenier, n° 698. Toullier, n° 879. Zachariæ, p. 229,
note 37.) En quelle qualité les enfants demandent-ils la
réduction ? Aux n°ˢ 568 et 590 de son *Contrat de mariage*,
Pothier enseigne que la seule qualité d'enfant suffit. Plusieurs auteurs modernes partagent ce sentiment (Troplong,
n° 2724. Grenier. n° 706). D'autres, parmi lesquels nous
citerons MM. Toullier, Delvincourt, Zachariæ, Vazeille
et Duranton, exigent que le réclamant joigne à sa qualité
d'enfant celle d'héritier. De quoi s'agit-il ici ? D'un retranchement, d'une réduction ; or, la réduction suppose
une réserve. Dès lors appliquons cette maxime reconnue

de tout temps : *Non habet legitimam , nisi qui hœres est.*
L'argument de Toullier est sans réplique. Il faut opter,
dit-il , et admettre que dans tous les cas , même dans
l'hypothèse d'une renonciation , les enfants ont droit à la
réserve en qualité d'enfants ; ou bien, il faut dire que les
enfants qui demandent la réduction d'une donation faite
à leur beau-père ou à leur belle-mère , ne sont pas recevables, s'ils ne sont héritiers ! (n° 880.) On objecte qu'il
ne faut pas , sous l'article 1098, raisonner d'après les
principes ordinaires , et que le retranchement s'opère en
faveur des enfants, et non au profit de la succession dont
la donation ne fait pas partie. L'objection nous paraît arbitraire. Partout, en effet, la réduction protége la réserve,
et partout la réserve suppose le titre d'héritier. Pourquoi
veut-on qu'il y ait, sous ce rapport, disparité entre la réduction de droit commun et celle de l'article 1098 ? Le
retranchement, dites-vous, s'opère en faveur des enfants
et non de la succession, dont la donation ne fait plus
partie ! Il est facile de répondre que ces raisons s'appliquent aussi aux donations de droit commun. Ces donations
sont irrévocables, elles dessaisissent le donateur, et, à ce
titre, vous devez dire que les légitimaires de l'article 913
ne peuvent les atteindre, attendu que les biens donnés ne
font plus partie de l'hérédité. — Ce résultat serait inadmissible ; il réfute victorieusement l'objection.

Conséquences : 1° Puisque le droit au retranchement a
pour base la qualité d'héritier, les enfants du premier lit
qui renoncent, ceux qu'un jugement d'indignité a frappés
ne peuvent invoquer ce droit. 2° Pour la fixation de la
part d'enfant, on ne tiendra compte ni des uns, ni des

autres (art. 785 et 727). En ce sens : Ancelot sur Grenier, p. 403. Zachariæ, p. 226. *Contrà* ; Troplong, n° 2716.

Mode de réduction. -- L'époux, lorsqu'il contracte une nouvelle union, a-t-il déjà épuisé le disponible de l'article 913, toute disposition au profit du nouvel époux lui est interdite : dans aucun cas, la quotité de l'article 1098 n'excède celle de l'article 913. (Cassation, 2 février 1819.) Si le disponible ordinaire n'est pas encore épuisé, la donation peut comprendre la partie qui reste libre, à charge toutefois de n'excéder jamais soit une part d'enfant, soit le quart des biens. — L'époux remarié fait don à sa seconde femme du disponible de l'article 1098 : il peut encore, s'il n'a fait d'ailleurs aucune autre libéralité, donner à des étrangers l'excédant du disponible ordinaire sur celui de l'article 1098. — A-t-il d'une part dépassé la mesure de l'article 1098, et d'autre part a-t-il fait de nouvelles libéralités, les donataires étrangers, l'article 1098 en main, obtiendront une réduction sur le nouvel époux, nonobstant les termes de l'article 921. (Voir la solution conforme que nous avons donnée *suprà*.) Dans l'espèce en effet, les donataires et légataires prétendent bien moins profiter de la réduction, qu'ils ne cherchent à conserver leur disponible. — A-t-il tout à la fois excédé la mesure de l'article 1098 et celle de l'article 913, le mode de réduction sera le mode prescrit par les articles 923 et 926. On s'attaque aux legs d'abord, on les réduit au marc le franc. Après ce premier retranchement, la réduction atteint la donation la plus récente et ainsi de suite, jusqu'à ce que l'excédant soit détruit.

Dans toutes les hypothèses, j'applique l'article 930 :

l'action en réduction, accordée aux enfants du premier
lit, n'est autre chose qu'une pétition d'hérédité partielle,
et, à ce titre, elle présente tous les caractères d'une action
réelle. Pothier lui reconnaissait cependant un caractère
mixte : « Elle est de celles qu'on appelle *condictio ex
lege ;* elle naît de *l'engagement* que la loi produit en la
personne du donataire de restituer l'excédant aux enfants.
Elle est personnelle réelle. » (N° 573, *Contrat de mariage.*)
J'applique également l'article 917, si le don fait au nou-
nel époux est d'une quotité d'usufruit. Je sais que dans
le commentaire de l'article 1094, ce texte a été écarté ;
mais il y a nécessité évidente de lui rendre ici son application. Le motif en est bien simple. L'article 1094, en
raison des difficultés sans nombre qui sont la suite d'une
évaluation d'usufruit, nous donne un terme unique de
disponibilité en usufruit : ce terme, c'est la moitié des
biens ! Il est dès lors inutile d'appliquer l'article 917, et
rien n'est plus naturel que de réduire la disposition à la
moitié des biens en usufruit. Mais l'article 1098 ne re-
produisant pas ce terme unique, il devient indispensable
de rendre au droit commun son application. Il en résulte
que les enfants du précédent mariage auront le choix ou
d'exécuter intégralement la disposition d'usufruit, ou de
faire l'abandon du disponible en toute propriété.

---

*Libéralités indirectes, déguisées, faites à personnes
interposées. (Art.* 1099, 1100.)

Le législateur eût manqué le but, si après avoir tracé

les règles relatives aux libéralités entre époux, il eût permis à la fraude de les éluder et de les enfreindre. Les articles 1099 et 1100 forment donc le complément naturel de notre matière.

En premier lieu, gardons-nous de confondre les libéralités indirectes et les libéralités déguisées ; l'article 1099 les distingue nettement, en consacrant à chacune d'elles un alinéa. Une donation indirecte peut avoir lieu ostensiblement, franchement, sans intention frauduleuse. Exemple : Primus vend à sa femme un immeuble d'une grande valeur, à raison d'un prix fort inférieur à cette valeur ; l'acte de vente est rédigé et produit au grand jour. — Appelé conjointement avec elle à une succession notoirement bonne, il renonce. En fait, cette vente, cette renonciation ne présentent aucun caractère de fraude. Primus n'a rien déguisé, il n'a trompé personne, il n'a pas dit : Je donne. Notons en passant que dans notre seconde hypothèse, les jurisconsultes romains, s'arrêtant à des idées plus subtiles que vraies, n'eussent pas considéré cemme un avantage cette renonciation à un droit ouvert. « Le donateur ne s'appauvrit pas : il manque de s'enrichir. » Les articles 788 et 1167 ont fait justice de cette subtilité ; c'est avec raison. On ne s'appauvrit pas seulement quand on distrait matériellement de sa fortune une portion déterminée. C'est également s'appauvrir que de renoncer au profit d'une tierce personne à un droit qu'on pourrait recueillir. Cette digression terminée, revenons au sujet. Nous avons donc expliqué comment une libéralité peut être indirecte, bien qu'exempte de fraude. Qu'est-ce maintenant que la libéralité déguisée, ou faite au moyen d'interposition ? C'est une libéralité qu'on savait être prohibée, et pour échapper à la prohibition, on a pris une voie détournée. Exemple : Primus vend à sa femme un immeuble, et déclare faussement que le prix a été versé.

Il y avait entre ces deux avantages une nuance que la loi ne devait pas méconnaître ; aussi, montre-t-elle plus de sévérité dans un cas que dans l'autre. — La donation indirecte est *réductible ;* la donation déguisée est *nulle.* Beaucoup d'auteurs ont nié cette solution ; elle est, disent-ils, d'une trop grande sévérité, et cadre mal avec l'Edit des secondes noces, qui se bornait à prononcer la réduction. D'ailleurs, objecte-t-on, l'article 1099 se prête à une conciliation facile : le second alinéa se lie au premier et en est pour ainsi dire le corollaire (Duranton, Coin-Delisle, Vazeille). Nous trouvons la conciliation *trop facile.* Si le législateur eût voulu parler d'une simple réduction, rien ne l'empêchait de substituer au mot *nulle* l'expression *réductible ;* et, si le second alinéa est uniquement le corollaire du premier, il est d'une parfaite superfluité. En bonne foi, qu'y a-t-il d'injuste à frapper de pénalité un détour concerté, une fraude préméditée ? Une loi qui ne pourrait atteindre de pareilles infractions serait à juste titre taxée d'impuissance et de faiblesse. Si nous doutions encore, les travaux préparatoires nous fourniraient le dernier et le meilleur argument. Le Tribun Jaubert, arrivant à l'explication du 2ᵉ alinéa de l'article 1099 (alors à l'état de projet), déclare que l'interposition de personnes et le déguisement engendrent la *nullité* de la disposition (Fenet, tome 12, p. 622. En ce sens : Troplong, n° 2743. Grenier, n° 691. Toullier, n° 901. Zachariæ, p. 222, *note 23, cassation* 30 novembre 1831. Toulouse 13 mai 1835, *cassation* 29 mai 1838, et 2 mai 1855).

Conséquences : 1° C'est une nullité : donc le juge n'aura qu'à la reconnaître et non à la prononcer ; 2° Un laps de temps plus ou moins considérable ne validerait pas la disposition illégalement faite. 3° Toute personne intéressée invoquera cette nullité. (*Contrà :* Troplong N° 2745.)

Article 1100. « Seront réputées faites à personnes interposées, les donations de l'un des époux aux enfants ou à l'un des enfants de l'autre époux, issus d'un autre mariage, et celles faites par le donateur aux parents dont l'autre époux sera héritier présomptif au jour de la donation, encore que ce dernier n'ait point survécu à son parent donataire. »

Il y avait dans l'ancien droit des présomptions d'interposition de personnes ; l'Edit de 1560 en fait mention. Le Code Napoléon devait les reproduire, dans le but de protéger les réservataires contres des fraudes dont l'expérience avait démontré la fréquence. Ce n'est pas, comme on pourrait le penser, l'intérêt de l'époux donateur qui nécessitait cette protection légale contre des entraînements souvent irréfléchis. L'époux qui a eu recours à la fraude serait, à ce seul titre, indigne de tout intérêt. D'ailleurs, qu'aurait-il besoin d'invoquer la nullité, quand la loi lui confère le droit de révocation le plus entier, et le plus absolu?

La loi a donc frappé de suspicion certaines personnes,

eu égard aux liens de parenté et d'affection qui les ratta-
chent à l'époux donataire. Au nombre de ces personnes
figurent les enfants d'un premier lit, et les parents dont
le conjoint est héritier présomptif au moment de la donation. Aux termes des articles 1350 et 1352, les présomptions ci-dessus sont *juris et de jure* : elles n'admettent pas
la preuve contraire. L'expression d'*enfants* embrasse
toute la postérité directe du donataire. La cour d'Amiens,
dans un arrêt à la date du 22 Décembre 1838, a même
décidé qu'il fallait étendre la présomption à l'enfant naturel du conjoint donataire. (Zachariæ p. 225.) Les appréhensions de la loi sont-elles exagérées, les présomptions
qu'elle indique manquent-elles de gravité et de préci-
sion? Evidemment non. Quand un époux fait une donation à un enfant que sa femme a eu d'un lit étranger, on
est en droit de suspecter sa générosité ; il est rare en effet
que l'affection d'un beau-père se traduise en libéralités.
Sous cette affection peut-être feinte, la loi cherche et atteint une affection plus réelle, celle du mari! Quand le
donateur gratifie certaines personnes dont son conjoint est
héritier présomptif, les doutes sont les mêmes, la prévoyance doit être la même. Et remarquons ici la sévérité
de la loi qui prononce la nullité, alors même que l'époux
n'a point survécu à son parent donataire (a).

Avant de clore notre matière, passons en revue les sub-
terfuges les plus fréquents, sous lesquels on parvient à
dissimuler une libéralité. Plus haut, nous avons men-

(a) Du nombre des parents on a voulu excepter les aïeux. (Voir
Vazeille. article 1100.)

tionné la vente, la renonciation à un droit : il en est d'autres encore. Le don manuel, la remise d'une dette, le cautionnement sans répétition, voilà autant d'avantages que l'article 1099 atteindra. J'en dirai tout autant de la réparation par l'un des époux d'un dommage dont l'autre a été victime : du paiement ou de la reconnaissance d'une obligation naturelle. Permettre à l'époux d'acquitter une dette, à l'occasion de laquelle la loi positive refuse toute action, c'est donner prétexte à des abus qu'on a voulu prévenir.— Le contrat de mariage, par ses combinaisons multiples, se prête fréquemment aux dissimulations. Aussi, a-t-il toujours été reçu qu'un époux, en se remariant sous le régime de communauté, s'il consent des apports excessifs, ou s'il ameublit sa fortune outre mesure, s'expose à voir réduire ces avantages indirects. Néanmoins, les profits de ces communautés inégales échappent à la réduction et le retranchement ne porte que sur *le capital.* « Les époux peuvent faire toutes autres conventions, ainsi qu'il est dit à l'article 1387. Néanmoins, dans le cas où il y aurait des enfants d'un précédent mariage, toute convention qui tendrait dans ses effets à donner à l'un des époux au-delà de la portion réglée par l'article 1098, au titre des Donations et Testaments, sera sans effet pour tout l'excédant de cette portion. Mais les simples bénéfices résultant des travaux communs et des économies faites sur les revenus respectifs, quoique inégaux des deux époux, ne sont pas considérés comme un avantage fait au préjudice des enfants du premier lit. » (Vazeille, article 1099, nᵒˢ 3 et suivants.)

POSITIONS.

I. Il faut se garder de confondre le *sponsalitium* avec la *donatio antè nuptias*.

II. La prohibition relative aux donations entre époux a pris naissance postérieurement à la loi Cincia (an 550 de Rome.)

III. Il n'y a point contradiction entre la loi 3 § 13 et la loi 31 § 7.

IV. L'un des époux ne peut acquérir par voie d'usucapion une chose appartenant à son époux, lorsque la chose lui a été livrée par ce dernier. (Loi 44.)

V. L'accomplissement volontaire d'une obligation naturelle ne constitue pas une donation prohibée.

VI. La constitution de dot pendant le mariage ne présente pas les caractères d'une libéralité.

VII. L'un des époux ne saurait, en subordonnant la donation à la condition de la *mort*, transférer à son conjoint une propriété actuelle et immédiate.

VIII. S'agit-il d'intérêts de sommes d'argent, la donation est valable : s'agit-il de fruits proprement dits, elle est nulle. Le mari ne pourrait cependant faire remise à sa femme des intérêts des sommes dotales promises par elle.

IX. L'acceptilation libère les codébiteurs solidaires qui sont tenus avec l'époux, sans libérer ce dernier.

X. C'est à l'époque de la *litis contestatio* que s'apprécie l'enrichissement du donataire.

XI. C'est à Septime Sévère et à Antonin Caracalla qu'il faut attribuer l'*oratio* de l'an 206.

XII. Dans l'hypothèse où les deux époux ont été faits prisonniers en même temps, le doute de la survie se résout en faveur du donataire.

XIII. Les termes de l'*oratio* s'appliquent aussi bien aux donations faites au moyen de la *promesse* et de la *remise* qu'aux donations exécutées au moyen de la tradition.

XIV. Dans le principe, le disponible entre époux ne fut pas limité.

XV. L'action en réduction accordée par la constitution *Hâc edictali* a lieu au profit seulement des enfants du premier lit.

DROIT COUTUMIER.

I. L'origine du douaire coutumier ne se rattache pas à une date précise : ce douaire était connu et mis en pratique antérieurement à l'ordonnance de Philippe-Auguste.

II. La mort civile du mari donne ouverture au douaire.

III. Le don mutuel, bien qu'égal et réciproque, est une véritable libéralité.

DROIT INTERMÉDIAIRE.

I. La loi du 17 nivôse an II n'a point abrogé le second chef de l'édit des Secondes Noces.

DROIT MODERNE.

(Code Nap.)

I. L'institution contractuelle était inconnue des Romains.

II. La prohibition de l'article 1093 est absolue : une stipulation expresse ne pourrait restituer aux enfants de l'époux prédécédé le bénéfice de la substitution vulgaire.

III. La donation cumulative de biens présents et à venir n'est pas la somme des deux premières.

IV. L'époux mineur ne peut donner à son conjoint.

V. Toute donation entre époux qui portera sur des biens immeubles sera soumise à la formalité de la transcription. (Loi du 23 mars 1855.)

VI. La révocabilité dont parle l'article 1096 est purement potestative.

VII. La donation du fonds dotal faite par la femme au mari est nulle et de nul effet.

VIII. La donation entre époux est révocable pour cause d'ingratitude.

IX. La séparation de corps fait perdre à l'époux contre lequel elle est prononcée les avantages provenant de son conjoint.

X. La survenance d'un enfant non commun emporte révocation.

XI. La donation entre époux est une donation entre-vifs ; le prédécès du donataire n'en entraîne pas la caducité.

XII. La faculté de révoquer est un droit attaché à la personne.

11

XIII. La quotité de l'article 1094 n'est point une quotité fixe et invariable : l'époux donataire peut invoquer celle de l'article 913, lorsqu'elle lui est plus avantageuse.

XIV. L'option entre les deux maximum de l'article 1094 appartient à l'époux donataire.

XV. L'époux donataire d'un usufruit portant sur la réserve n'est point tenu de fournir la caution de l'article 601.

XVI. S'il y a lieu de réduire, la réduction s'opère jusqu'à concurrence du plus fort disponible.

XVII. La réduction s'opère au marc le franc, sans qu'il y ait lieu de distinguer entre les dispositions faites au profit de l'époux et celles en faveur d'autres personnes.

XVIII. Les enfants adoptifs ne peuvent exercer l'action en réduction dont parle l'article 1098.

XIX. La part d'enfant se calcule d'après le nombre de têtes, sans distinction de lits.

XX. Le nouvel époux, pour la détermination de sa part, est admis à exiger le rapport d'un enfant non précipulaire.

XXI. Le nouvel époux participe aux biens provenant de la réduction qu'on lui fait subir.

XXII. La donation d'une part d'enfant sera limitée au quart, s'il n'existe pas d'enfants lors du décès.

XXIII. Dans l'hypothèse de plusieurs convols, chacun des conjoints successifs peut recevoir une part d'enfant le moins prenant, pourvu que les libéralités successives n'excèdent pas le quart des biens.

XXIV. Le don d'une part d'enfant n'est autre chose qu'une institution contractuelle.

XXV. Le droit à la réduction appartient exclusivement aux enfants du précédent lit.

XXVI. Les enfants demandent cette réduction en qualité d'héritiers et non en qualité d'enfants.

XXVII. En cas d'existence d'enfants naturels, on se borne à distraire la portion à laquelle ils ont droit d'après l'article 757.

XXVIII. Les enfants du précédent mariage imputent sur leur réserve la restitution qui provient de la réduction faite sur le nouvel époux.

XXIX. L'article 1180 n'est point applicable ici : car les enfants ne sont pas créanciers.

XXX. Toute libéralité indirecte est réductible ; toute libéralité soit déguisée, soit faite à personnes interposées est nulle.

DROIT COMMERCIAL.

I. Le porteur d'une lettre de change est propriétaire de la provision.

II. Le fait de souscrire une action dans une société anonyme ou en commandite constitue un acte de commerce.

III. Un associé commanditaire n'est point tenu de rendre les dividendes annuels qu'il a touchés, bien que la liquidation de la société vienne à constater des pertes et des déficits.

DROIT CRIMINEL.

I. La prescription de l'action pénale éteint également l'action civile.

II. L'accusé acquitté par la Cour d'assises ne peut plus être poursuivi, à raison du même fait, qualifié d'une autre manière, devant le tribunal correctionnel.

DROIT ADMINISTRATIF.

I. Les ministres des cultes ne jouissent pas de la garantie accordée aux fonctionnaires par l'article 75 de la constitution du 22 Frimaire an VIII.

———

La thèse de M. Pruneau, pour le Doctorat, sur les *Donations entre Epoux* m'a paru à peu près irréprochable au point de vue historique et doctrinal, et ne rien renfermer d'ailleurs, qui ne soit conforme à l'ordre public et aux bonnes mœurs.

Dijon, ce cinq Janvier 1864.

Vu :

Le Doyen,

MORELOT.

Permis d'imprimer,
Le Recteur,
L. MONTY.

Besançon, impr. d'Outhenin Chalandre fils.

www.ingramcontent.com/pod-product-compliance
Lightning Source LLC
Chambersburg PA
CBHW030941210326
41519CB00045B/3705